Diskurse, die wir führen müssen

Petra Bahr

Wie viel Religion verträgt unsere Gesellschaft?

Inhalt

Nach Gott? Entzauberung der Aufklärung	7
Christliches Abendland – politischer Kampfbegriff und Identitätsattrappe	31
Der lange Schatten des Karikaturenstreits	43
Symbolkonflikte und Kulturkämpfe	53
Gott nach seinem Ende	61

»Wir sehen jetzt durch einen Spiegel in einem dunklen Bild, dann aber von Angesicht zu Angesicht.«
   1 Korinther 13,12

Nach Gott?
Entzauberung
der Aufklärung

»Soll denn der Knoten der Geschichte so auseinandergehen: die Wissenschaft mit dem Unglauben, das Christentum mit der Barbarei?« So fragt vor knapp zweihundert Jahren der Theologe, Religionsphilosoph, Universitätsreformer und Prediger Friedrich Daniel Schleiermacher nicht nur die Berliner Gelehrtenwelt. Eine Republik ist da noch in weiter Ferne, aber die Diskussion der öffentlichen Intellektuellen über die Zukunft der Religion und ihrer Politik wird zum ersten Mal heftig geführt. Viele Freunde Schleiermachers sind sich einig: Erst »nach Gott« kann das Zeitalter aufgeklärter Menschen beginnen, die aller Zwänge und Unterwerfungen unter einen wie auch immer gearteten Anderen ledig geworden sind. Was für die politische Herrschaft für viele Vordenker zunächst unerreichbar scheint, wird am Ort der Religion stellvertretend ausdiskutiert: die Sehnsucht nach einem Raum der Freien und Gleichen, die sich ihrer Eigensouveränität sicher sind.

In den Religionsdebatten jener Tage wurde vieles mitverhandelt, das mit den harten Umbrüchen der damaligen Gesellschaft zu tun hatte: all die überbordenden Sehnsüchte und Ängste in einer sich rasant verändernden Welt. Glaubensflüchtlinge aus ganz Europa geben einen ersten Vorgeschmack auf die Erfahrung religiöser Pluralisierung, die allmähliche Lösung der Naturwissenschaften vom Primat der Philosophie und Theologie erschüttern feste Weltbilder. In der konstitutiven Phase der Moderne ist die Frage nach der Verträglichkeit von Religion und Aufklärung schon deshalb ein Megathema mit vielen Facetten, weil sich an dieser Frage wie in einem Brennglas die beabsichtigten und unbeabsichtigten Folgen des neuen Denkens über Gott und die Welt verdichten und bei kräftiger diskursiver Bestrahlung auch entzünden. Viele Deutungsangebote bleiben auch in den kurrenten Reden über Religion präsent. So soll nach der Hoffnung vieler Feuilletonisten des frühen 19. Jahrhunderts die Kunstreligion den Sonntagsgottesdienst ersetzen, die romantische Liebe an die Stelle des Marienkultes treten. Die Ähnlichkeit der Form zwischen dem Ersetzten und dem, was an seine Stelle tritt, kommt nicht von ungefähr. Religiöse »Retropien« verbinden sich mit neuen Kunsttheorien. Das Erhabene der Religion soll seine Aura behalten, doch die dogmatischen Lehrgebäude und die autoritären Kirchenbehörden sollen einer säkular-sakralen Erlebnisplattform weichen. Der unbedingte Glaube an einen allmächtigen Gott soll ästhetisch eingehegt und seine potenzielle Gefährlichkeit durch sinnliche Überwältigung entschärft und gleichzeitig imitiert werden. Kunsttheoretiker – das zeigt die Romantik – laden ihren Gegenstand religiös auf. So kommt es zu Verschiebungen im Religionsverständnis, die bis heute wichtig sind. An Terror im Namen eines Gottes muss die junge preußische Elite, die überall in den intellektuellen Hotspots Europas Verbündete hat, noch nicht denken. Doch die Denkverbote, die soziale Disziplinierung, die Unterdrückung von Mädchen und Frauen, die kirchliche Autorität mit ihrer Zensur, ihrer Wissenschaftsfeindlichkeit und ihren Drohgebärden wird als Freiheitsberaubung verstanden, die der neu gedachten, aufgeklärten, humanen Gesellschaft im Weg steht. Wie sehr die Debatte über die Form der Religion auch innerhalb der Konfessionen selbst angekommen ist, zeigen erbitterte Wortgefechte an theologischen Fakultäten, die damals noch im Zentrum der Gelehrtenrepublik stehen. Schleiermacher ist selbst beides: Prediger und Analytiker, praktizierender Christ und reflektierender Philosoph, harter Kirchenkritiker und politischer Vordenker. Die Relevanz der theologischen Stimmen im öffentlichen Raum ist gegenüber den Debatten von vor zweihundert Jahren geschrumpft, ja, Theologie gilt in den Gegenwartsdebatten vielen grundsätzlich als suspekt.

Die Muster öffentlicher Debatten im 19. Jahrhundert, ihre Argumente und die Emotionen, die sich oft genug über das Für und Wider guter Gründe legen, ähneln allerdings den unseren. Das ist verblüffend, denn die Welt, in der wir leben, ist augenscheinlich eine andere. Die zentralen Fragen aber sind nicht nur geblieben, sie werden zugespitzt: Ist Religion gefährlich, nur lästig oder im Gegenteil konstituierend für eine humane Gesellschaft? Welchen Beitrag kann eine religiöse Perspektive auf die Welt leisten? Welche Bedeutung haben religiöse Traditionsabbrüche für den Umgang mit ihren Revivals an anderem Ort? Vor welchen Ansprüchen muss man sich schützen? Wie kann die Bedeutung des Religiösen vom Einflussverlust einer bestimmten Organisation, zum Beispiel der Kirchen in Deutschland, unterschieden werden, wie über das Christentum diesseits und jenseits kirchlicher Deutungsansprüche geredet werden? Wie mit der religiösen Pluralität, wie mit verschiedenen, vor allem konfligierenden Gestalten des Religiösen umgehen, die für massive Spannung, ja für Kulturkämpfe sorgen? Wie die Grenzen der Religionsfreiheit bestimmen, wenn diese Verfassungsrang hat? Die Frage nach der Grenze des Religiösen zielt gegenwärtig weniger auf die Grenzen der Vernunft als auf dessen zivile Einhegung oder Verbannung. Die Ähnlichkeit vieler Argumentationsmuster bei der Unterschiedlichkeit ihrer diskutierten Phänomene ist dennoch überraschend und lohnt schon deshalb eine kurze Erinnerung. Denn wie so oft liegt in der Erinnerung ein hilfreicher Blick auf die Zukunft, als Vergewisserung, als Standortbestimmung, als Korrektur. Die gegenwärtigen Religionsdebatten sind, auch wenn sie religionsphilosophischer Fragen im Engeren längst beraubt sind, in gewisser Hinsicht auch als Nachgeschichte dieses Aufbruchs zu verstehen.

Die einen Stimmen verteidigen vor zweihundert Jahren eine starke Organisation von Religion, näherhin der christlichen Kirchen, als Moralagentur eines mehr oder weniger autoritären Staates. Ohne starke Organisation von Religion samt ihrer Hierarchien, so prophezeien sie, bricht Chaos aus. Religion, verstanden als Körperschaft im Gegenüber zum Staat und weniger als Ausdrucksform von Individuen, wird als Ordnungsgarant mit den Befugnissen zur Domestizierung von Freiheitsgelüsten und drohenden Anomien verstanden, politisch als Bollwerk gegen die philosophische und theologische Aufklärung, die aus Gedanken Revolutionen werden lässt. Religion steht hier für eine Ordnungsvorstellung, die sich einer höheren Autorisierung verdankt. Religion ist hier weniger Bindung an eine Transzendenz als Gehorsam gegenüber einem göttlichen Gebot und seiner Weisung. Die Anderen, die gerade anfangen, das wilde Denken einzuüben, aus intellektueller Leidenschaft, aus Trotz und weil sie mit einem Fortschrittsglauben ausgestattet sind, der mit der Wucht der biblischen Propheten daherkommt, wünschen sich genau diese Institution zum Teufel, an den sie selbstredend genauso wenig glauben wie an einen Gott. Ihre Religionskritik ist vor allem Kirchenkritik voller Verve und Leidenschaft. Human, aufgeklärt und dem Drängen des Individuums nach Freiheit verpflichtet, kann in ihrer Perspektive nur eine Gesellschaft sein, die jedes religiöses Sehnen als falsche Vertröstung entlarvt hat. Religion, so rufen sie mit Nachdruck und der Lust an der Provokation, verträgt sich gar nicht mit dem Traum einer Gesellschaft, die nach dem Modell der Berliner Salons erfunden wird – dem egalitären Traum einer intellektuellen Elite, die nur das Kunstreligiöse und die individuelle Erfahrung gelten lässt. Dass aus dieser ästhetischen Fantasie schnell politische Ideen werden, die so gewaltig wie freiheitsverachtend sind, zeigt der geistige Weg in die politische Romantik. Religion darf hier als Überwältigungsraum wiederkehren, der Souveränitätsansprüche weltlicher Herrschaft ausstaffiert. Harmlos war die Ästhetisierung des Religiösen also schon damals nicht zwangsläufig. Der Säkularisierung des Religiösen folgt oft die Sakralisierung eines anderen Erfahrungsbereichs. Aus dem nahen Frankreich kommen die Ideen für einen konsequenten Laizismus, der die religiöse Praxis so rigoros aus dem öffentlichen Leben drängt, dass über kurz oder lang auch die religiös affizierten Herzen Erfüllung im Diesseits einer idealen Gesellschaft freier Brüder finden – freier Brüder, denn bei den meisten Vordenkern der Abschaffung des Religiösen zugunsten eines geselligen Raums ungebeugter Geister unterscheidet sich die Geschlechterordnung nicht von den Unterordnungsmodellen orthodoxer Kirchenmänner. Nicht nur der Kirche, sondern auch theologischen Gedanken und Traditionen wird der Kampf angesagt. Dieser Kampf bleibt keiner, der nur mit Worten ausgetragen wird. Zerstörte Kirchen und ermordete Geistliche zeugen vom »Terror der Vernunft«. Dass diese aufgeklärte Hoffnung selbst religiös aufgeladen ist und mit dem jakobinischen Terror auch eine weltanschaulich motivierte Brutalität offenbart, hat unter den Freunden Schleiermachers erst einen schweren Schock und dann einige Korrekturen des Denkens befördert. Kluge Geister nehmen schon wahr, dass der Wunsch nach Säkularität nicht immer mit der Gleichberechtigung vieler einhergeht. Oft genug geht mit der laizistischen Versuchung nicht nur die Vertreibung autoritärer religiöser Ansprüche einher, sondern eine neue Weltanschauung, die so ungnädig sein kann wie die, an deren Stelle sie tritt. Die politischen Ideale eines Auguste Comte mit ihren Zeremonien und Riten etwa ähneln der Hierarchie der römisch-katholischen Kirche nicht nur von ferne.

Die dritte Perspektive, jene, die Schleiermacher in seinen »Reden über die Religion« formuliert, kann sich dagegen schon damals kaum Gehör verschaffen. Dabei gilt seine

Schrift *Über die Religion. Reden an die Gebildeten unter ihren Verächtern* von 1799 als der Gründungsklassiker des modernen Religionsessays. Die harsche Reaktion von Kirchenleitungen und protestantischen Kollegen an der Universität auf seinen Essay zeigt, dass hier ein kühner Vordenker spricht, der zeit seines Lebens die Missverständnisse bearbeiten muss, die seine Überlegungen provoziert haben. Es ist die berühmte Position »zwischen den Stühlen«, die Schleiermacher einnimmt. Schon der Religionsbegriff, den er vorstellt, hat es in sich. Religion vollzieht sich nicht als Glaube an ein wie auch immer vorgestelltes extramundanes Wesen. Sie verstärkt oder konterkariert auch keine wissenschaftlichen Perspektiven auf die Welt oder erscheint als höhere Moral. Religion ist »Sinn und Geschmack fürs Unendliche«, so lautet seine berühmte Definition. Oft wird diese Bestimmung mit ästhetischen Erfahrungen verwechselt. Ihre Familienähnlichkeit hätte der kunstsinnige Theologie auch nicht bestritten. Doch ihm ging es darum, jenseits und vor aller konfessionellen Bestimmung einer Gotteserfahrung eine allgemeingültige Beschreibung des Religiösen zu finden. Religion, sagt er – und die vielen Formulierungsvarianten verweisen auf eine Verlegenheit, die bis heute bleibt –, Religion ist die Weise, in der der Mensch seinen Grund und Abgrund erfährt und zum Thema macht. Religiöse Praxis und ihre Reflexion kreisen um diesen Weltzugang.

Dies ist nicht weit entfernt von gegenwärtigen Religionsbestimmungen durch die sozialwissenschaftliche Religionstheorie. In den öffentlichen Diskursen hat sie sich auch zweihundert Jahre später noch nicht durchgesetzt. Die Einsicht, dass religiöse Erfahrungen jenseits und diesseits organisierter

Religionsgemeinschaften anders als mit den Mitteln naturwissenschaftlicher Evidenzermittlung beschrieben werden müssten, um die Frage nach der Religion der Zukunft ernsthaft ergründen zu können, bevor einer zögernder, tastender Antwortversuch unternommen werden kann – diese Einsicht hat es bis heute schwer. Entweder diskutiert man das Wohl und Wehe ganzer Weltreligionen oder konkrete Ausdrucksformen wie das Kopftuch oder den Muezzin-Ruf. Dazu stehen wie vor zweihundert Jahren die religiösen Extreme pars pro toto für »das Religiöse«. Wenn Religionsgemeinschaften – ob christliche Gemeinschaften, muslimische Verbände oder jüdische Gelehrte – die wissenschaftlichen Forschungsstände zur möglichen Erstehung der Erde verbieten wollen, weil die religiöse Deutung göttlicher Schöpfung an ihre Stelle tritt, ist gleich »Religion« als solche wissenschaftsfeindlich. Ohne Frage offenbart so manche Lehre, allen voran der Kreationismus, einen Deutungsanspruch, der zurückgewiesen werden kann und muss. Doch wenn die Theologie der Schöpfung – um ein markantes Beispiel aus den drei monotheistischen Weltreligionen zu nennen – als religiös-poetische Vergewisserung des Grundes der Welt und der eigenen Existenz gleichermaßen lächerlich gemacht wird, zeigt das, dass die Entdifferenzierungswut auch vor denen nicht haltmacht, die mit philologischer Akribie, historischem Bewusstsein und Sinn für die religiöse Sprachformen uralter Texte Aufklärung an heiligen Überlieferungen betreiben.

Schon zu Schleiermachers Zeiten begegnen auch die gelehrtesten Kritiker der Religion in all ihren Ausdrucksformen mit den Mitteln der Ridikülisierung und der Vereinfachung. Religion ist das, was bleibt, wenn einer von wissenschaftlicher, politischer, ästhetischer und medizinischer Aufklärung nichts verstanden hat, sozusagen der Weltzugang der Dummen oder Denkfaulen, bei den gemeineren Autoren sogar der Kranken, mithin Geisteskranken, die sich aus Angst eines Besseren nicht belehren lassen wollen. So könnte man diese Position zusammenfassen. Religion als Form unaufgeklärter Angstbewältigung – ein billiger, leicht verfügbarer Trost bei denen, die Fragen lästig finden und erst in der Unterwerfung aller Sorgen ledig sind; mit diesen Salven munitionieren sich auch heutige selbsternannte Gotteswahn-Bekämpfer. Wer sich religiös artikuliert, paktiert mit nichtexistenten Mächten, die gleichwohl wegen der steten staatlichen Unterstützung wirksam werden können. Die erfolgreichste Form der Religionskritik ist eben nicht das intellektuelle Wortgefecht, das in dem Pastorensohn Friedrich Nietzsche sein Vorbild hat, sondern die Karikatur, die Satire und alle gehobenen und niederen Formen des Lächerlichmachens. Die jüngste Religionskritik eines Richard Dawkins oder Michael Schmidt-Salomon bleibt dabei einem linearen Fortschrittsparadigma verhaftet, das von Anfang an die Moderne antreibt. Es wird von ihren Protagonisten sogar forciert als lineare Säkularisierung, ohne jede Dialektik, aber auch ohne jede Lust an den modernen Komplikationen, die sich mit dem Theorem der Säkularisierung verbinden. Nach wie vor setzen Religionskritiker darauf, menschliche Lebenszusammenhänge »sola ratione« herstellbar und verfügbar zu machen. Als hätte es die Dialektik der Aufklärung nie gegeben, als sei die Geschichte der Säkularisierung immer noch als geschichtsphilosophisches Kontinuum mit finalem Einlauf zu denken. Die harte Unverträglichkeitsdiagnose kommt bei allem kämpferischen

Laizismus mit weltanschaulich aufgeladener Attitüde daher. Ohne Religion geht es allen besser, sagen und schreiben echte Überzeugungstäter schon vor zweihundert Jahren und verweisen auf die Blutspur, die die christlichen Kirchen mit ihren Religionskonflikten jüngeren oder älteren Datums hinter sich herziehen. Da steckte der religiöse Fundamentalismus als eine Ausdrucksgestalt der modernen Antimoderne noch in den Kinderschuhen, aber die Retropien bedeutender Kirchenmänner, die vom Mittelalter träumen, um den Herausforderungen ihrer Gegenwart zu entfliehen, kennt man schon. Die Trostbedürftigen sind in Diktion dieser Kritiker die Verstandesschwachen, die die Grenzen ihrer Vernunft nicht ausreizen, sondern ängstlich am Zaun stehen und alles abwehren, was die eigene Überzeugung fraglich werden lässt.

Die Antwort von Religionsvertretern und Universitätsgelehrten darauf ist freilich oft reflexhaft, ähnlich blasiert oder überheblich. Da muss Religion für die Gewährung der öffentlichen Moral herhalten, und diffuse Vorstellungen vom Zusammenhalt der Gesellschaft werden zum Gemeinplatz. »Moral« bedeutet vor zweihundert Jahren allerdings vor allem eine Mauer gegen Emanzipationsbewegungen aller Art, die religiöse Beglaubigung bestehender Verhältnisse. Deshalb kann die Referenz auf gute öffentliche Sitten wie selbstverständlich von scharfen Worten gegen Juden, Katholiken, Intellektuelle, Forscher und besonders gegen Frauen begleitet werden. Schon vor zweihundert Jahren hat Friedrich Daniel Schleiermacher vor solcherart Selbstverkleinerung der organisierten Religion gewarnt und die Pluralisierung religiöser Überzeugungen in den Blick genommen, allerdings wie viele seiner Zeitgenossen mit einem blinden Fleck, wenn es um die Gleichordnung der jüdischen Religion im öffentlichen Leben ging. »Religion ist weder Moral noch Metaphysik.« So bringt es der preußische Gelehrte und Prediger seit zweihundert Jahren mehr oder weniger vergeblich auf den Punkt. Wer Religion auf Moral und Lebensführung auf der einen Seite und spekulative Abhandlungen über Grund und Grenze des Menschen und Gottes auf der anderen Seite verengt, verfehlt ihre Pointe. Religion ist eine »Erfahrung mit der Erfahrung«, eine Lebens- und Weltdeutung, die nach Überschreitung des eigenen Lebens jenseits wissenschaftlicher, pädagogischer, ökonomischer, rechtlicher oder politischer Perspektiven fragt. Deshalb kann das Religiöse mit seiner Organisation genauso wenig deckungsgleich sein wie mit den Traditionen, Praktiken oder Theologien, in denen es artikuliert wird. Erst der Überschuss, das stete Moment der Überschreitung, macht es zu dem, was es ist. Grund und Abgrund des Daseins und des Seins nicht nur zu bedenken, sondern zu erfahren, ist der Kern des Religiösen. Als eigene symbolische Form passt Religion, wie die Kunst, deshalb durchaus in die Zukunft, selbst wenn die Institutionen, in denen sie sich zeigt, sich erheblich verändern. Dann dient sie, ernst genommen, nicht nur der Selbstberuhigung oder der Kontingenzbewältigung, sie kann und wird auch das Gegenteil sein: ein Unruheherd, eine Garantin für das Zögern und den Zweifel. Religion, verstanden als immer wieder neue Aneignung einer religiösen Tradition, als offener existenzieller Übersetzungsprozess, stellt auch Fragen, die sonst niemand so stellt, und trägt dazu bei, dass Veränderungen nicht nur als Bedrohung empfunden werden. Dabei ist der Aspekt der religiösen Gemeinschaft, in denen das Religiöse gelebt und bedacht wird, entscheidend, verstanden als ein Generationenbündnis, das mal mehr, mal weniger institutionell ebenso in die Geschichte wie in die Zukunft weist. Religion im Horizont der Aufklärung – eine immer noch unerledigte Geschichte.

Zweihundert Jahre Modernisierungsgeschichte haben sich über die Tischgesellschaften im Schatten des Berliner Schlosses gelegt. Das Schloss lag zwischendurch in Schutt und Asche. Nun steht es wieder, in Stein gegossener Neohistorismus, entkernt und mit neuen Erwartungen befrachtet. Die Diskussion über die Zukunft der Religion ist immer noch – oder sollte man sagen: wieder – da. Die Welt ist eine andere geworden. Religion gibt es nur noch im Plural. »Gott« dient weltweit als Referenz für den menschenverachtenden Terror, das Wort »Allah« erzeugt bei vielen Furcht, die mit Gottesfurcht nichts zu tun hat. Kaum eine Debatte über die Zukunft der Religion, die nicht innerhalb von Minuten eine Islamdebatte wird. Die äußerste Form des Nihilismus, der islamistische Terror, gibt sich in Bekennerschreiben als religiöser Gehorsam aus. Durch manche Regionen der Welt zieht ein fast schon dreißigjähriger Krieg mit seinen unmenschlichen Formen gegenseitiger Vernichtung. Muslime sterben täglich durch die Hand von Muslimen. Gegenden, in denen liberale Lebensformen, also die Lebensform der eigenen Wahl, längst Alltag waren, verwandeln sich unter der Tyrannei religiös motivierter Gruppen in Angstregionen, in der schon ein harmloser Kuss verliebter Teenager oder ein Stück Musik tödlich enden können. In einer Welt, in der nichts so weit weg ist, dass es nicht auf einem Kleinstadt-Schulhof irgendwo in Deutschland einen handfesten Konflikt erzeugen kann, ist diese Entwicklung im Mittleren und Nahen Osten, in Asien und in Afrika immer latent präsent, wenn von Religion die Rede ist. Selbst da, wo die undurchsichtige Komplizenschaft von politischer Gewalt und religiöser Beglaubigung, von sozialer Verelendung und ökonomischer Abhängigkeit es schwierig macht, irgendeinen Konflikt in der Welt eindeutig als Religionskonflikt zu identifizieren, spielen sich religiöse Deutungen dieser Konflikte immer mehr in den Vordergrund. Das alte Deutungsparadigma, dass es auch bei religiöser Aufladung von Konflikten eigentlich immer um etwas ganz anderes gehe, um Ressourcen, um soziale Verwerfungen, um Macht, dürfte sich als falsch erwiesen haben. Das hat Folgen für alles Reden über Religion.

Gleichzeitig scheint es so, als würde sich die Frage nach dem Christentum von selbst erledigen. Die Kirchen haben überall in Europa an Relevanz für die alltägliche Lebenspraxis verloren. Sogar in den USA, wo der sprichwörtliche Bible Belt mit seinen mächtigen evangelikalen Kirchen einen amerikanischem Präsidenten zu außenpolitischen Maßnahmen bewegen kann, obwohl das Trennungsregime zwischen Religion und Politik ansonsten alltägliche Praxis ist, steigt die Zahl der selbsterklärten »Non-Believer« stark an. In Ländern wie Irland oder Spanien hat die katholische Kirche innerhalb von wenigen Jahren dramatisch an gesellschaftlicher Akzeptanz verloren. In Skandinavien sind Staatskirchentümer abgeschafft. Stehen Kirchen in den Schlagzeilen, dann wegen sexualisierter Gewalt durch Priester. Sogar der Papst, der die christliche Religion weltweit verkörpert, polarisiert und erhält einen Widerspruch, der deutlich macht, dass kaum einer mehr bereit ist, sich unter das Dogmengebäude der Kirchen zu flüchten. Die Gründe für die harten Entkirchlichungs- und

Dechristianisierungsprozesse sind vielfältig. Das Christentum muss keine staatliche Herrschaft mehr begründen. Das Recht hat sich von seiner naturrechtlichen und religiösen Begründung gelöst. Lebensformen und Ziele werden nicht mehr durch Tradition, sondern durch Wahl bestimmt. Selbstverständliche lebenslange Zugehörigkeiten wechseln zugunsten von Bindungen auf Zeit. Die gemeinschaftsstiftende Dimension des Religiösen und die sozialdisziplinierende Wirkung als notwendige Begleiterscheinung scheinen kleine Gruppen nach wie vor zu binden; als Form einer alle Lebensumstände begleitenden Volkskirche aber ist diese Bindung gelöst oder so locker geworden, dass sie allerhöchstens für Notfälle aufrechterhalten wird. Kirchen haben ihr religiöses Deutungsmonopol schon lange verloren, sie müssen sich auf einem Markt für Sinnangebote behaupten und sich den Erwartungen ihrer Mitglieder stellen, die längst zu selbstbewussten Konsumenten religiöser Angebote geworden sind. Entsprechend selbstbewusst und verschieden sind die Erwartungen. Der demografische Wandel beglaubigt nur, was Kirchenaustritte als Entscheidungen von Einzelnen markieren.

Lange waren kluge Köpfe geneigt, diesen Prozess als »Säkularisierung« oder als »Entzauberungsprozess« zu beschreiben. Beide Großbegriffe haben jedoch ihre Tücken. Die Entgegensetzung von Säkularität und Sakralität ist ebenso problematisch wie die soziologisch motivierte Rede von der »Entzauberung«. Das lineare Geschichtsbild, das sich mit dieser Vorstellung einer steten Rationalisierung aller Lebenswelten verbindet und das man wahlweise als Erkaltung der Welt oder als ihre Humanisierung begreifen konnte, ist längst entlarvt, die Frage, was nach der Entzauberung bleibt, dagegen beantwortet. Auch die Moderne, so wie wir sie in der Gegenwart erleben, entkommt Prozessen der Resakralisierung oder Wiederverzauberung nicht, ja, möglicherweise ist sie sogar auf diese angewiesen, weil zentrale Grundannahmen ohne ein gewisses Maß an Sakralisierungsunterstellungen gar nicht auskommen, etwa der Begriff der Menschenwürde als der zentralen Referenz für den normativen Individualismus. An dieser Leitmetapher lässt sich auch zeigen, wie schwer es ist, religiöse Spuren wie Rost von glatten Rechtsbegriffen zu wischen. Die kulturgrundierenden Elemente, die etwa aus den biblischen Tiefenschichten der Rede vom Menschen kommen, sind als Sinnschichten auch dann aktuell, wenn sie auf explizite religiöse Deutungen verzichten. Nur: Was bedeutet diese Einsicht für das gegenwärtig Religiöse? Ist sie ein Argument für sein allmähliches Verschwinden, weil es sich in Kultur aufgelöst hat? Oder im Gegenteil das Argument für das bleibend Religiöse, das sich als das Latente in den Untergrund selbstverständlich gewordener Vorstellungen von der Sakralität der Person, der hohen Bedeutung des Individuums und der gewissen Inanspruchnahme dieser Bedeutung gegen die Macht der Kollektive verschoben hat? Auch in den strittigen Diskussionen über die Grundlagen freiheitlich-demokratischer Gesellschaften stehen die lebensstabilisierenden, normgenerierenden und kontingenzminimierenden Aspekte organisierter und fluider Religion gegen ihr Potenzial zu Gewalt und Selbstabschließung. Ihre kulturprägenden Kräfte erhalten in den öffentlichen Analysen einen kulturzerstörerischen Antagonisten. Der Aufklärung als Ziel oder als intellektuelle Abarbeitung an offenen Fragen und Problemen ist im 21. Jahrhundert ein

Bewusstsein für ihre Dialektik – auch in rebus religionis – zugewachsen. Sie ist, wenn man so will, selbstreflexiv und kritisch mit sich selbst geworden. Nationalsozialismus und Stalinismus als zutiefst antireligiöse Bewegungen haben sich als diabolische Weltanschauungen erwiesen, die an die Stelle des Religiösen traten und doch religionsähnlich auftraten und nur so ihre ungeheure Kraft entfalten konnten. Sie wurden zu Sinnstiftungsagenturen und Legitimitätsangeboten für millionenfachen Mord und den eigenen Tod, der so als sinnvoller Opfertod verstanden werden konnte.

Die religiöse Aufladung des Politischen erlebt gegenwärtig ein unheimliches Revival. Am Beispiel Nordkoreas zeigt sich, dass ein aggressiv antireligiöses Regime seine Diktatoren nur mythisch verklären muss. Längst ist bekannt, dass die Logiken moderner Technik und Ökonomie selbst weltanschaulichen Überschwang erzeugen – Heilserwartungen und Unheilsprophetien, apokalyptische Szenarien und Utopien finden sich besonders da, wo neue Technologien Verewigungshoffnungen wecken. Auch die Art und Weise, wie Gesundheit und Ernährung medial zum Thema werden, zeugt von Heilserwartungen und Glaubenskriegen, die mit medizinischer Forschung und ihrer heilenden Praxis nur wenig zu tun haben. Diese religiöse Aufladung liegt nicht nur auf der Ebene von Metaphern. Sie kommt durch Selbstansprüche und ihre Inszenierungen und wird in der Diktion von Weltanschauungskämpfen ausgetragen. Auch die religiöse Aufladung der Politik, wie sie gegenwärtig in vielen Ländern erfolgt, konnte man sich viele Jahrzehnte so nicht mehr vorstellen, doch innerhalb von wenigen Jahren ist sie wieder da. Kirchen, in die kaum jemand mehr ging, sind wieder voll.

Das geistige Reich des Wladimir Putin kann nur verstehen, wer die Rolle der orthodoxen Kirche in Russland als geistige Beglaubigung der russischen Politik und seine theopolitische Verbrämung bis in Kreise russischer Intellektueller hinein mitbedenkt. Die nationale Wiederaufladung des Religiösen oder die religiöse Aufladung des Nationalen, die sich augenblicklich vollzieht, hätte Friedrich Daniel Schleiermacher vielleicht wiedererkannt. Schon in seinen »Reden über die Religion« verweist er auf den religiösen Hintergrund des Patriotismus und die Mythisierung des Nationalen. Diese Entwicklungen offenbaren nicht einfach die Wiederkehr des Alten, sie sind stets Reaktionen auf neuste politische Entwicklungen. Nur genaues Hinsehen hilft gegen vorschnelle Analogiebildungen. Die gegenwärtige Religionskritik hat diese Phänomene allerdings kaum im Blick.

Die neuen Erscheinungsformen von Remythisierung und Resakralisierung im Politischen, auf dem Gesundheitsmarkt oder in der Populärkultur beweisen aber: Nicht die Religion verschwindet, sondern ihre vertrauten Institutionen und symbolischen Formen. Lange schien sie in klar definierte Bezirke zurückgedrängt, eingezäunt auch durch eine rechtliche Verfassung, die ihr einen klaren Platz zuwies. Nun ist das Religiöse diffus wieder da und erzeugt viele Paradoxien. Je geringer der Kirchgang am Sonntag, desto größer die Beschwörung des Christlichen Abendlands, je kleiner die Bereitschaft, sich als Teil einer religiösen Gemeinschaft zu fühlen, desto größer die Begeisterung für christliche Symbole in öffentlichen Gebäuden. Diese unbesprochenen Paradoxien erleichtern die Rede über den öffentlichen Umgang mit dem Religiösen allerdings nicht, denn die Alltagsdistanz zu ehemals vertrauten Formen christlichen Lebens, etwa eine selbstverständlich gestaltete Kirchlichkeit, die dem christlichen Festkalender folgt und an den Schwellenorten des Lebens – Geburt, Liebe, Tod – um religiöse Begleitung nachsucht, schlägt sich auch in den Diskussionen über das Religiöse nieder. So kann es nämlich passieren, dass die Tischnachbarin sich bei einem festlichen Abendessen erst als Kirchenkritikerin und dann als Islamexpertin outet, die sich über Gott als alten Mann mit Bart lustig macht, der junge Mädchen um das Schwimmvergnügen im Bikini bringt, um dann zu schwärmen, wie ihr Quarze und Kristalle das Leben weisen. Mit dem persönlichen Unbehagen steigt auch die Schroffheit des Urteils über die Religiosität der Anderen. Dazu kommt, dass auch Intellektuelle bisweilen das Religiöse nur als Überwältigung, als Schönheit des Alten verteidigen wollen. Gregorianik und eine Passion von Bach, aufgeführt durch Profis, lässt man sich gerne gefallen, Abendrunden, die sich für die kulturelle Avantgarde halten, schwärmen für die katholische Messe in Latein. Jede Form lebensweltlicher Einbindung des Religiösen droht ihnen banal, harmlos und langweilig zu sein. Deshalb gibt es in Bezug auf das Radikale der Religion durchaus eine weitverbreitete Angstlust, wie sie sich in jedem Exotismus zeigt. Dass ausgerechnet der Buddhismus, jene Moderreligion europäischer Geisteseliten, sich in Myanmar als gewalttätige nationale Bewegung erweist, ist eine Enttäuschung, die kaum thematisierbar ist, so wie das Engagement für die Freiheit Tibets blind werden lässt für die Schatten einer idealisierten exotischen Religion.

Als Schleiermacher seine Reden über die Religion an die Gebildeten aufschrieb, damit sie ihm zuhörten, war der Furor der Aufklärung noch mit Händen zu greifen. Die Naturwissenschaften traten aus dem Schatten von Theologie und Philosophie, die Religionskritik innerhalb und außerhalb der Kirchen traf auf große Resonanz, die Hoffnung auf die Durchsetzung bürgerlicher Freiheiten war noch nicht enttäuscht. Die Verbesserung des Menschengeschlechts schien nur noch eine Frage der Zeit; Aufklärung aller Lebensbereiche war die Hoffnung der Stunde. Die großen Erwartungen vermittelten ein Zukunftsbild, nach dem alles immer besser würde, wenn die Erhellung der Welt nicht mehr behindert würde. Gegenüber dem Kult des Optimismus pflegte Schleiermacher den religiösen Zweifel. Er nahm die Rolle des Spielverderbers gerne an. Was ist der Mensch?, fragte er mit dem Urvater der intellektuellen Selbstaufklärung, Immanuel Kant. Was kann er wissen, was soll er tun, was darf er hoffen? Diese Fragen haben sich nicht erledigt. Zweihundert Jahre später scheint es der Aufklärung allerdings wie den christlichen Kirchen zu gehen. Sie wirkt müde und erschöpft, kämpft um Glaubwürdigkeit und um Resonanz, arbeitet sich an Traditionen und Irrtümern ab und historisiert sich selbst. Aufklärung als Horizontbestimmung und Zumutung des Geistes hat es zunehmend schwer. Alles scheint eine Frage des Glaubens geworden zu sein, das Kleinste und das Größte. Der Einsatz von Globuli bei Migräne oder der Einsatz der Bundeswehr in Krisengebieten, das beste Mittel gegen die Lernunwilligkeit von Teenagern oder die beste Strategie gegen die weltweite Rezession, alles wird im Ton eines Glaubensstreits diskutiert. Im Zeitalter von Fake News, diesem politischen Kampfbegriff, wird es immer schwerer, Wahrheit und Lüge, Verschwörungstheorie oder Programm, Tatsache und

Wunsch zu unterscheiden. Die Aufmerksamkeitsökonomie fördert das Schrille, Laute, Radikale. In den Sozialen Netzwerken kann sowieso alles fraglich sein. Das ist einerseits der Triumph der Aufklärung über falsche Gutgläubigkeit und angemaßte Autorität oder Expertentum. Gleichzeitig muss sich auch niemand mehr argumentativ ausweisen. Überzeugung geschieht durch emotionale Wirkung, durch Bilder, die nicht mehr aus dem Kopf gehen, durch Übertreibung, Ironie oder Radikalisierung.

Wenn indes alles zu einer Frage des Glaubens wird, wird es noch schwieriger, das Feld des Religiösen von anderen Formen des Weltzugangs abzugrenzen. Die alte Unterscheidung von Glauben und Wissen ist in jedem Falle ungenügend. Vielmehr muss der religiöse Glaube von anderen Formen des Glaubens unterscheidbar werden. Wenn dazu noch die Deutungsmacht des Singulären, jene gesteigerte Form der Individualität, faktisch zur letzten Instanz wird, sind Differenzierungen, reflexive Urteilskraft und Fragen ohne Antwort erst recht schwer zu kommunizieren und Fragen von Glaubwürdigkeit und Wahrhaftigkeit in Gefahr, sich in Wirkungserfolgen zu erschöpfen. Diese Entwicklung prägt die öffentlichen Debatten über Religion ganz besonders. Die Temperatur öffentlicher Meinungsäußerung, die mit Urteilsbildung noch nichts zu tun hat, steigt sofort sprunghaft an, wenn religiöse Themen auf der Tagesordnung stehen. Kippa und Kopftuch, Kreuz oder Beschneidung, wenn diese Reizworte aufgerufen werden, erhitzen sich die Gemüter und erkalten die Analysen. Dazu wird recht fahrlässig oft auch noch die Debatte für den Zustand des Religiösen selbst gehalten. Religion erschöpft sich dann in jenen umstrittenen Symbolen und

Praktiken, die man sieht. Doch wie für die Kunst gilt für das Religiöse, dass das »Sprechen über« das Phänomen selbst immer schon verfehlt. Der innere Nachvollzug und die Beobachtung, auch die Selbstbeobachtung, sind nicht identisch. Eine Musikkritik im Feuilleton mit dem Konzert am Abend zu verwechseln käme niemandem in den Sinn. Bei der Religion ist das anders. Öffentliche Religionsdebatten, die dieser Tage wie Kulturkämpfe ausgetragen werden und in den Sozialen Netzwerken wie kaum ein anderes Thema Emotionen und stete Erregung hervorrufen, können deshalb leicht in die Irre führen. Sie sind nicht aussagekräftig dafür, ob und wie religiöse Konflikte wirklich den Alltag prägen. Sie sagen nichts aus über religiöse Lebensvollzüge, über Überzeugungen, über Gewissheiten. Sie leben von Verallgemeinerungen und Verdacht, von Halbwissen und Vermutungen, von starken Überzeugungen. So schrumpft das Religiöse gerade da, wo besonders viel von ihm die Rede ist. Andererseits wird der Religion viel zu viel angehaftet, was dort eigentlich nicht hingehört. So werden mittlerweile mit den nötigen religionspolitischen Debatten über die Integration von Muslimen die gesamten integrationspolitischen Fragen enggeführt. Anstatt sozial-, rechts-, sicherheits-, stadtentwicklungs- oder bildungspolitische Themen pragmatisch aufzufächern und kluge Lösungen zu sondieren, muss unter einer vagen Religionsdebatte jede Unterscheidung vernebelt werden. Normative Prägungen der Herkunftskulturen, Verrohung oder Radikalisierung, die hier zu Konflikten bis zur Gewalt führen, werden umstandslos auf die vermutete Herkunftsreligion zurückgeführt. So wird »Religion« immer diffuser zu einer Kulturfrage erklärt und identitätspolitisch missbraucht

– auch von denen, die ein Interesse an der Radikalisierung von jungen Muslimen haben.

Wollte man die religionspolitischen Debatten der letzten Jahre zusammenfassen, bliebe unter dem Strich nur zweierlei: Religion ist entweder gefährlich oder irrelevant. Zwischen diesen beiden Diagnosen schwankt die Öffentlichkeit je nach Thema. Das intrikate Verhältnis von Religion und Aufklärung braucht dringend mehr Schattierungen und genauere Tiefenbohrungen, mehr historisches Bewusstsein und die Bereitschaft, hinter den gegenwärtigen Debatten über allerhand Religionskonflikte das Religiöse als fortbestehende symbolische Form der Selbst- und Weltdeutung zur Kenntnis zu nehmen. Ihr Beitrag zur Zukunft des Menschen angesichts seiner Verewigungsträume auf der einen Seite und seinem Hang zur Selbstentmenschlichung kann auch im 21. Jahrhundert zu denken geben.

Religion geht aufs Ganze, aber auf spezifische Weise. Sie kann zerstörerisch und selbstzerstörerisch sein, aber ebenso innere Freiräume erschließen, die Menschen unabhängig machen von äußerem Einreden, Moden und öffentlichem Druck. Kurz: Sie ist selbst hochgradig ambivalent. »Reden über Religion« im Horizont einer weiter ausstehenden Aufklärung und skeptischer, ja düsterer Zukunftsprognosen über die Menschheit und ihre künftigen Möglichkeiten müssen andere Schwerpunkte haben als vor zweihundert Jahren. Die Referenz auf Friedrich Daniel Schleiermacher erfolgt nicht als Ausdruck maßloser Selbstüberschätzung gegenüber dem immer noch unterschätzten Klassiker des Nachdenkens über Religion. Sie erfolgt als Verneigung vor dem Denker, der zu Beginn der Moderne Aufklärung und

Religion so aufeinander beziehen konnte, dass beide einander brauchen und aufeinander bezogen bleiben. Die Religion braucht die Aufklärung, die Selbstbefragung, die kritische Weiterentwicklung, sie muss sich ihrer Geschichtlichkeit bewusst sein und sich selbst und ihre Quellen historisieren, um nicht in Selbstmarginalisierung oder Gewalt umzuschlagen, weil sie sich anmaßt, über das Unendliche, auf das sie verweist, selbst zu verfügen. Diese Verwechselung ist der Grund allen religiösen Fanatismus. Die Aufklärung, verstanden nicht als vergangene Epoche, sondern als ausstehende Herausforderung der steten Befreiung aus Illusionen und Unfreiheit, braucht die Religion, um selbst nicht religiös werden zu müssen, also das Endliche nicht für das Unendliche auszugeben, religiös gesprochen: vorletzte und letzte Dinge zu unterscheiden. Die säkularistische Verengung droht aus emanzipativen Bestrebungen Zwangsbeglückungen zu machen, die mit der Selbstwirksamkeit und Freiheitsliebe als emphatischen Urimpuls der Aufklärung nichts mehr zu tun haben. Beide Perspektiven können aufeinander verweisen, wenn nicht ironische Distanz oder unmenschliche Radikalität die Oberhand gewinnen sollen. Nota bene: Wenn alles zu einer Frage des Glaubens wird, ist Religionskritik aus dem Geiste der Religion vielleicht nicht das schlechteste Mittel der Stunde.

Christliches Abendland – politischer Kampfbegriff und Identitätsattrappe

Aus den öffentlichen, medial inszenierten »Reden über Religion« ist ein Begriff nicht wegzudenken: die Rede vom »Christlichen Abendland«. Als dieser Begriff vor ein paar Jahren auf den Protestfahnen von populistischen Erregungsgemeinschaften wieder auftauchte, konnte noch keiner ahnen, welcher Erfolg ihm beschieden werden sollte. Zuletzt feierte er in den fünfziger Jahren des 20. Jahrhunderts ein Revival, um dann schnell wieder in der Kiste abgelegter Programmworte zu verschwinden. Nun ist das Abendland wieder da, mitten in der »Krise des Westens«. Der Gebrauch des Syntagmas Christliches Abendland zeigt, wie durch die Kulturalisierung des Religiösen nicht nur seine Politisierung betrieben wird. Der Begriff verdrängt nachgerade das Religiöse, auf das er sich bezieht. Das ist legitim, denn selbstredend gibt es

Religion nicht ohne Kultur, ohne symbolische Ausdrucksgestalten und Zeichen samt ihrer wechselvollen Geschichte. Deshalb gibt es auch kein Deutungsmonopol, etwa der Kirchen, was christlich ist. Wer Religion als Kultur ins Gespräch bringt, riskiert begriffliche Unschärfen bewusst, denn Kultur trägt das Unbestimmte, Vage ja immer in sich. Meint Kultur die Tradition, das Gewordene, das Artefakt? Meint Kultur die Deutungsarbeit, die ins Offene weist? Ist Kultur der willkürlich gewählte Rahmen für einen Bildausschnitt oder eine Art mitlaufende Selbstverständlichkeit, die normalerweise nicht fraglich ist? Kultur ist alles zugleich. Problematisch wird die Verkürzung des Christentums als Kultur zu einer identitätspolitischen Chiffre, die keiner Explikation mehr bedürftig ist. Sie unterstellt zum einen, dass alles, was »Kultur« ist, per se gut und verteidigungswürdig ist. Als identitätspolitische Chiffre verschiebt sich in der Rede vom Christlichen Abendland die Deutungsmacht über das, was »christlich« ist. Die politische Botschaft erhebt sich zum Deutungsmonopol über das ehemals Religiöse. Die Umbesetzung hat es in sich. Denn die Leitfrage »Wie viel Religion verträgt die Gesellschaft?« ist in dieser Debatte immer schon beantwortet. Möglichst viel, aber bitte nur in der Form, die wir, die wir vom Abendland reden, politisch gebrauchen können. Aufklärung über Herkunft und Gebrauchsgeschichte der Rede vom Christlichen Abendland zeigt, salopp gesagt, dass nicht überall, wo Religion draufsteht, Religion drin ist.

Abendland – ein schönes, poetisches, deutsches Wort, erfunden als Ausweg aus einer Verlegenheit. Als Martin Luther auf der Wartburg 1522 das Neue Testament übersetzte, mussten die Heiligen Könige von irgendwoher kommen: aus dem Morgenland. Denn die drei kommen in der Überlieferung aus dem Osten. Aus der Perspektive der westlichen Welt mit Rom im Zentrum geht dort die Sonne auf. Im Osten ist das Land, aus dem der Morgen kommt. Das ist die Poesie des Bibelübersetzers. Das Morgenland bleibt bis heute im Banne dieser Poesie, auch wenn der geografische Raum seit Jahren ein blutiger Kriegsschauplatz ist, der in seiner Bestialität und Unübersichtlichkeit eher aus Verlegenheit mit dem Europa des Dreißigjährigen Krieges verglichen wird. Aus dem Nahen und Mittleren Osten flüchten die Menschen zu uns deretwegen der Begriff des Christlichen Abendlandes in der öffentlichen Debatte zu einem politischen Schlagwort geworden ist.

Der Begriff »Morgenland« dagegen hat Opern, Gedichte und Reiseberichte im Schlepptau. Er verbindet sich mit dem Fernweh der Westeuropäer in einer Zeit, als Reisen das Privileg ganz weniger war, und wird zum literarischen Sammelbegriff für gefährliche und erotische Geschichten aus *Tausendundeiner Nacht*. Ein Wort, das nach einem Gegenüber verlangte. So kamen erst die Abendländer und dann das Abendland in die Welt. Doch was ursprünglich nur den geografischen Richtungssinn bestimmte und Orient und Okzident in die deutsche Sprache überführte, wurde schnell zum politisch und religiös aufgeladenen Schlagwort. Das mag auch am Bildgehalt liegen: Der Abend steht für das Ende des Tages und die Schwelle zur Nacht. Die Assoziation von Müdigkeit, von Albdruck und Gefährdung hat offenbar Überzeugungskraft und wird schon kurz nach Erfindung des Begriffs zur Beschreibung gesellschaftlicher und weltgeschichtlicher Zustände. Mit dem Verweis auf das Abendland verbinden sich Untergangsfantasien und politische Utopien. Die Bilder dieser politischen Traumreiche mögen sich bei dem Dichter Novalis und dem Staatsrechtler Carl Schmitt in vielem unterscheiden, die Leitvorstellung der Abendland-Idealisten zeichnet sich durch eine starke Ordnung aus, die auf äußere Einheit und innere Einheitlichkeit drängt. Seine kulturelle Grammatik ist meist lateinisch, romanisch und katholisch, aber für protestantisch geprägte Kulturpessimisten schnell adaptierbar.

Mit *Der Untergang des Abendlandes* fand nach dem Ersten Weltkrieg Oswald Spengler den Titel für sein Welteindunklungsszenario. Der Abend der Welt, den Spengler in seinem Polit-Bestseller beschreibt, kommt aus dem Innersten des Westens. Die Dekadenz moderner Gesellschaften, das Unbehagen an den technischen und industriellen Entwicklungen der Jahrhundertwende, die zunehmende Entkirchlichung und die demokratischen Verfassungen, die alle Menschen als Freie und Gleiche behandeln, kurz: der Westen selbst wird dem Weltuntergangspropheten Spengler zum inneren Feind. Das Abendland, das Spengler untergehen sieht, wird vom Konzept des »Westens« verdrängt. Seine Rettung liegt ganz weit im Osten, in einem russischen Reich, das das Christentum wieder ernst nimmt und für Macht und Ordnung sorgt. Hier, im autokratischen Ordnungsgefüge zwischen Thron und Altar, wittert er Morgenluft. Kein Wunder, dass rechte Populisten hundert Jahre später den Sound von Spengler wiederaufnehmen. Die Begeisterung für Putin und seine Art, das orthodoxe Christentum für die Demagogie gegen die Freiheiten der westlichen Welt zu missbrauchen, nimmt die Lunte auf, die Spengler gelegt hat. Das Abendland ist nicht länger die Beschreibung für einen Kontinent und nicht mehr Sammelbegriff für allerhand Herkünfte und Traditionen, wie sie etwa in der Kurzform »Musik des Abendlandes« anklingen. Abendland meint auch nicht mehr das Ideenreservoir, aus dem die westliche Welt schöpft, als geistige Vorgeschichte und Gründungsnarrativ. Abendland entwickelt sich zu einem politischen Kampfbegriff. Die Feinde in dieser Rhetorik des Kampfes sind immer schon austauschbar gewesen. Das zeigt ein Blick in die Gebrauchsgeschichte des Wortes. Die Türken vor Wien, der Kommunismus als Gefahr aus dem Osten, Frauen, die wählen wollen, die Französische Revolution, der Fernseher – alles Bedrohungen fürs Abendland. Und immer wieder werden die Juden als vermeintliche innere Gefahr entlarvt. Dass heute ausgerechnet das Judentum in Form des Bindestrich-Etiketts als »jüdisch-christliches Abendland« für eine neue Art politischer Korrektheit herhalten muss, zeigt, wie wenig moderne Abendlandretter an der Geschichte des Abendlands interessiert sind.

Der Missbrauch des Begriffs setzt schon in der Generation derer ein, die ihn erfunden haben. Warum können die Abendlandretter gestern und heute an Urängste und Ursehnsüchte appellieren? Martin Luther, der kraftvolle Sprachpoet, ist daran nicht unschuldig. Die »Türken vor Wien«, das ist seit 1529 die Urszene westeuropäischer Untergangsfantasien. Sie hat auch den Reformator zu apokalyptischen Visionen verleitet. Wer verstehen will, woher die tiefsitzende Angst vor »dem Islam« kommt, muss weit zurückschauen. Damals schon verband sich mit dem Islam die Angst vor seiner gewalttätigen Erscheinungsform. Im kollektiven Gedächtnis Westeuropas hat diese Angst vor den osmanischen Eroberern eine tiefe Spur hinterlassen. Kollektive Ängste sind hartnäckig, das kulturelle Gedächtnis kann wie eine seelische

Verletzung nachwirken, die irgendwann wegen einer schlimmeren Gegenwart verdrängt wurde. Die »Türken vor Wien«, das war der erste große Abend der Welt. Er prägte viele andere kollektive Ängste. Die Erfahrungen von Gewalt und Massakern bei den Eroberungsfeldzügen der Osmanen gen Westen, die Erinnerung an Brandschatzung, Überfälle und Einflussverlust erzeugten einen Schrecken, der in emotionale Bilder übersetzt wurde. Als das osmanische Heer 1529 in Linz einfiel, schürten dramatische Berichte diese Angst, angeheizt durch die Bildmedien der Zeit. Die Kupferstiche Erhard Schöns aus dem Jahr 1530 etwa stellen türkische Märkte dar, auf denen nackte gefangene Christinnen und in Stücke gerissene Kinder von den Soldaten des Sultans verkauft werden. Diese Bilder haben ein jahrhundertelanges Nachleben. Sie lassen sich jederzeit aktivieren und in moderne Bildsprache übersetzen. Dabei ist der Grund dieser ins Bild gesetzten Fantasie ja real, das Wüten der Osmanen war keine Einbildung, auch wenn die Bilder stark übertreiben. Sie sind grob und überaus grausam. Deshalb wirken sie so lange nach.

Das komplizierte Verhältnis zum Osmanischen Reich, die intensiven Handelsbeziehungen, der geistige Austausch von Gelehrten, die opportunistische Inanspruchnahme von militärischer Unterstützung gegen politische Gegner, all das fehlt natürlich in den Bildprogrammen zur Rettung des Abendlandes in der Frühen Neuzeit. Für das Heilige Römische Reich deutscher Nation, das bald in der Selbstbeschreibung mit dem Abendland identisch wurde, standen die Feinde nicht nur an den Grenzen. Verräter im Inneren paktierten mit ihnen. Das waren Ketzer, Juden und politisch Missliebige. Sie wurden zu »heimlichen Türken«. Die Urszene westeuropäischer

Untergangsfantasien bildete die Blaupause für andere kollektive Ängste. Deshalb lässt sie sich vielleicht auch noch nach Hunderten von Jahren wieder aktivieren als kollektiver Seelenschmerz, an den die Fremden erinnern, die in den vergangenen drei Jahren aus dem Morgenland nach Deutschland gekommen sind. Die alten Bilder und die neuen überlagern sich. Kollektive Ängste werden nie vergessen.

Diejenigen, die sich jetzt wieder aufmachen, das Abendland vor dem Untergang, vor Überfremdung und vor innerer Zersetzung zu retten, können also auf eine lange Vorgeschichte von Untergangsprophetien zurückgreifen. »Abendland« war im Grunde immer schon ein Kampfbegriff, der in den politischen Umbruchzeiten durch die Jahrhunderte erstaunliche Resonanz erzeugte. Das Abendland ist der Fluchtort für alle, die aus der Gegenwart vertrieben werden, die überfordert sind mit deren Zumutungen, Gefährdungen und geplagt von Verlustgefühlen. »Abendland« steht als Bollwerk gegen alle Bedrohungen, ein in die Vergangenheit verlegter Gegenentwurf zur Gegenwart, der Traum von einem Damals, welches es so niemals gegeben hat, die gute alte Zeit, als die Welt noch übersichtlich, vertraut und in Ordnung war. Diese Retropie wird gegenwärtig als politischer Brandbeschleuniger eingesetzt. Das gelingt auch deshalb, weil das diffuse Unbehaustsein angesichts vielfältiger Veränderungen dazu verführt, das Christentum als Identitätsmarker zu benutzen. Niemand bestreitet, dass das Christentum ein kulturprägender Faktor ist. Von der Architektur über die Universitätsgeschichte bis zum Wochen- und Feiertagsrhythmus: Die Prägungen sind tief und vielfältig. Grundformen emphatischer Individualität und die Idee der Geschichte lassen sich in

Grundgedanken der christlichen Religion zurückverfolgen. Dabei sind die Säkularisate des Christlichen noch gar nicht eingerechnet. Max Webers These vom Ursprung des Kapitalismus aus dem Geist des Protestantismus ist nur eines der bekannteren Beispiele dafür. Die Gegenentwürfe, die die gleiche These auf den Katholizismus oder das Judentum beziehen, sprechen eher für als gegen die Macht dieser Säkularisierungsprozesse, die das zu Säkularisierende immer mittragen.

Wer die christliche Prägung westlicher Gesellschaften, besonders der eigenen deutschen Gesellschaft, als Referenz wirklich ernst nehmen will, muss allerdings die ganze Geschichte des Abendlandes in Kurzform erzählen. Das Christliche Abendland war der geopolitische und geistige Raum verheerender religiöser Bürgerkriege. Dass sich weltliche Machtansprüche nur religiös ausstaffierten, verharmlost die Politisierbarkeit des Christlichen nicht. Das Christliche Abendland steht für das Nicht-Aushalten von religiösem Pluralismus. Ohne die Glaubensflüchtlinge aus Europa und deren Sehnsucht nach religiöser Autonomie sind die USA in ihrer jetzigen Gestalt nicht zu verstehen. Die untergründige Religionskonfliktgeschichte ist immer noch virulent. Erst mit der Entstehung des modernen Staats können die schlimmsten Verwerfungen zwischen den Konfessionen befriedet werden. So wird der Staat zur letzten Appellationsinstanz für religiöse Differenz und schlussendlich zum Garanten für die Fortexistenz der Kirchen. Alle Kontrakte, Konkordate und Verträge zwischen Staat und Religionsgemeinschaften erinnern auch an diese Befriedungsbedürftigkeit. Dazu kommt der tiefverwurzelte Antijudaismus, dem von Theologen nur in absoluten Ausnahmefällen widersprochen wurde. Diese

Judenfeindlichkeit, die in der Herzkammer des Christentums sitzt und bis in die Liturgie und Gebetspraxis reicht, geht im 19. Jahrhundert mit dem Rassenhass einen Pakt ein und wird geistige Grundlage für den Zivilisationsbruch des 20. Jahrhunderts. Die religiöse Spur führt bis zur Shoah. Die kultur- und zivilisationsstiftende Kraft des Christentums zeigt ihre zerstörerische Fratze. Gegen die Homogenitätssehnsüchte gegenwärtiger Abendlandretter spricht nicht nur der ungebändigte religiöse und innerkonfessionelle Pluralismus. Der Verbreitungsraum des westlichen Christentums ist von Anfang an auch ein Marktplatz des regen Kulturaustausches. Unter der wechselseitigen Ausgrenzungsgeschichte liegen gegenseitige Einflusserzählungen, die von der Wirkung der islamischen Mystik auf die christliche Mystik bis zum gelehrten Austausch zwischen jüdischen und christlichen Bibelwissenschaftlern reichen. Die alternative, an historischer Forschung und Selbstaufklärung orientierte Geschichte des Abendlandes ist identitätspolitisch nicht einsetzbar, weil die Verkürzung eines »Wir« gegen ein »die Anderen« sich immer wieder auflöst. Wenn es überhaupt eine Signatur des Abendlandes gibt, dann wäre es der stete Prozess der Auseinandersetzung zwischen konkurrierenden Ideen, Ansprüchen, Gruppen, Ethnien, Sprachen, Philosophien und Einflüssen, die nur im günstigsten Falle ausgehandelt wurden.

Dabei könnte das Abendland durchaus Ideenlandschaft und Versprechen und damit Referenz für Gegenwartsdeutungen sein. Denn im Rekurs auf die lange Vorgeschichte gibt es Elemente, die auch für die gegenwärtige Bewältigung des religiösen Pluralismus erinnerungswürdig bleiben. Metaphorisch werden diese Elemente mit den drei berühmten Hügeln ins

Bild gesetzt: Jerusalem, Athen und Rom. Jerusalem steht für die Entstehung des Christentums aus dem Judentum und markiert eine religiöse Signatur, die im Zentrum eine Gottesidee hat, die sich im Angesicht des Menschen zeigt. Das Bild des Menschen, das sich daraus entwickelt, ist bis heute gültig. Es setzt die Individualität vor jedes Kollektiv – und denkt dieses Individuum gleichzeitig als eines, das auf Gemeinschaft und Beziehung angewiesen bleibt. Durch die Gleichwürdigkeit aller vor Gott ist die Idee der Sakralität der Person immer schon mit einem Gleichheitsanspruch verbunden. Diese Ideen sind bis heute nicht banal. Gegen das starke Bedürfnis nach »Retribalisierung« (Timothy Garton Ash) durch feste Zugehörigkeit und Ausgrenzung steht dieser Gedanke als Provokation. Jede Gruppenzuschreibung wird von hier aus problematisch und kann mit Recht immer wieder aufgebrochen werden.

Mit Athen ist das abendländische Erbe des institutionalisierten Zweifels assoziiert. Die Philosophie ist die vornehmste Gestalt dieser Grundidee. Die Skepsis, das unablässige Fragen sind Motor der Wissenschaften und der Künste, der Demokratie als der Staatsform, in der politische Lösungsentwürfe in Konkurrenz zueinander treten und sich zur Wahl stellen. Die Freiheit zum auf Dauer gestellten Befragen von allem und jedem ist mehr als die Freiheit von Konsumenten, ob auf dem Feld der Politik, der Bildung, der Religion. Auch die innerreligiöse Religionskritik in Form der Theologie, die kritische Reflexion religiöser Praxis, verdankt sich Denkformen, die aus den Philosophenschulen erwachsen sind.

Rom wiederum steht für das Recht als der Form von Herrschaftsbändigung nach formalen Kriterien, für die Idee der Freien und Gleichen vor dem Gesetz. Aus dem Bündnis von Jerusalem, Rom und Athen wächst die zentrale Leitunterscheidung: die zwischen religiöser und weltlicher Herrschaft. Aus der Konkurrenz der religiösen und politischen Mächte entsteht schon früh, vermutlich mit dem Investiturstreit im 12. Jahrhundert, eine Differenzierung, die lange unhintergehbar schien und doch gegenwärtig gefährdet ist. Wer das Abendland wirklich retten will, ist gut beraten, diese Gründungsmythen und ihre historische Entwicklung nicht für selbstverständlich zu nehmen, Narrative für ihre Verbreitung zu finden und an den Geist der Grundideen und Leitunterscheidungen anzuknüpfen. So kann das Christliche Abendland als Kultur durchaus Quelle und Reservoir für zukünftige Fragen sein – Kultur allerdings verstanden nicht als museale Sammlung von Traditionen und Prägungen, sondern als permanente Suchbewegung und als »Bedeutung im Werden« (Ernst Cassirer).

Der lange Schatten des Karikaturenstreits

Im Frühling 1928 kommt es vor dem Landgericht in Berlin-Charlottenburg zu einem geschichtsträchtigen Prozess. Der Maler George Grosz muss sich wegen des Vorwurfs der Gotteslästerung verantworten. Die Radierung, Teil eines größeren Zyklus, die Anlass für diese Anklage ist: ein sterbender Christus am Kreuz, die Gasmaske vor dem Gesicht, und in der Montur eines einfachen Soldaten aus dem Ersten Weltkrieg. Die Bildunterschrift dieser modernen Version eines Passionsbildes: »Maul halten und weiter dienen«. Was sich nun zwischen dem Gericht, der Öffentlichkeit, der Kirche, dem Künstler und den intellektuellen Beobachtern der Zeit abspielt, ist eine Studie zum Konflikt zwischen Kunst, Meinungsfreiheit und Religion wert. Drei Jahre und durch fünf Instanzen kämpft der Künstler für seine Freiheit in der

Darstellung des Christusbildes, während das Gericht seinen Blasphemievorwurf auf Druck der Öffentlichkeit noch verschärft. Grosz wehrt sich aber auch immer wieder gegen den Verdacht, er wolle den christlichen Glauben beleidigen. Gotteslästerung oder eindringliche Kritik an der Kriegstreiberei der Kirche? Verletzt das Bild die religiösen Gefühle der Gläubigen, oder stellt diese moderne Kreuzigungsszene die kritische Ursprungsaussage des Christentums gegen ihre Verfälschungstendenzen erst wieder her? Ist die Bildunterschrift als Ausspruch des Gekreuzigten zu verstehen oder als zynischer Kommentar der Schaulustigen unter dem Kreuz? Ist das Ensemble aus Bild und Text eine unverschämte Parodie oder eine ausdrucksstarke Mahnung, die aus der Verstörung der Betrachter Aufmerksamkeit gewinnen will?

Der Fall Grosz ist deshalb so aufschlussreich, weil während des Prozesses vor einem Berliner Gericht über die religiöse oder religionsfeindliche Bedeutung des Bildes gestritten wird. Die Frage, die wie ein Banner über dem Verfahren hängt, wird nicht gestellt, sie wird quasi aufgeführt, auf der öffentlichen Gerichtsbühne und im Spektakel öffentlicher Meinungsäußerungen: Was darf die Kunst im Umgang mit Religion? Wo verlaufen die Grenzen zwischen ästhetischer Religions- und Kirchenkritik, zwischen der eigensinnigen künstlerischen Auslegung religiöser Sujets, Bildtraditionen und Gehalte einerseits und der Verhöhnung der Religion andererseits? Wie viel Satire verträgt die Religion? Wo läuft Kunst zu Recht Sturm gegen problematische religiöse Festlegungen und Interpretationsverbote, um so den verschütteten Sinn religiöser Grundfragen aus dem Geröll bürgerlicher Gewohnheiten zu befreien, und wo spielt sie, um der Effekte willen, leichtfertig mit Stoffen, die für religiöse Menschen Ausdruck des letzten Sinns im Leben und im Sterben sind? Können Künstler sich auf eigensinnige Weise an der Auslegung der religiösen Botschaft beteiligen, oder sind ihre provokanten Interpretationen per se illegitim? Und wo verläuft die Grenze zwischen kalkulierter Kritik und der Lust an der Provokation, bei der die öffentliche Erregung nicht nur billigend in Kauf genommen wird, sondern der Aufreger selbst das Ziel der Aktion ist?

Kein Geringerer als Kurt Tucholsky begleitet den Prozess gegen George Grosz mit kontinuierlichen Gerichtskolumnen in der *Weltbühne*. Der Fall Grosz steht in der Kunstgeschichtsschreibung für den zähen Kampf um künstlerische Freiheit gegenüber kirchlicher Bevormundung. Auch in der Theologie schrieb der Fall Geschichte. Er steht für den Streit um das moderne Christusbild im 20. Jahrhundert. Am Schluss kommt der Maler noch einmal davon. Nicht lange: Anfang der dreißiger Jahre, mit der Machtergreifung der Nationalsozialisten, muss er das Land fluchtartig verlassen. Der streitbare Künstler ist nun Inbegriff der »Entarteten Kunst«. Jetzt ist nicht mehr das Christentum beleidigt, jetzt verletzt seine Kunst das Deutschtum.

Fünfzig Jahre später ist der Blasphemieparagraf als Teil der Strafprozessordnung abgeschafft. Wie sollte der weltanschaulich neutrale, säkulare Staat auch entscheiden können, was nur theologisch, also aus der reflektierenden Innenperspektive der Religion heraus, recht zu beurteilen gewesen wäre? Das Problem der Blasphemie schien selbst zu den Geschichtsakten gelegt zu sein, wie der alte Paragraf. Das hat sich dramatisch geändert. Seit dem Karikaturenstreit um die

Darstellung Mohammeds im Jahr 2006 verschärfen sich nicht nur die Konflikte zwischen Kunstfreiheit, Meinungsfreiheit und Religion. Das Pariser Blutbad in Verbindung mit dem Vorwurf der Blasphemie in der Redaktion des Satiremagazins *Charlie Hebdo* im Januar 2015 ist der vorläufige Höhepunkt dieser Verschärfung. Die Konflikte werden – auch wenn sie weniger gewalttätig ablaufen, wie im Falle von George Grosz – nicht nur vor Gerichten ausgetragen. Sie erhalten große mediale Aufmerksamkeit. Der Streit um das, was geht, wird zum Medienereignis, an dem sich die prinzipielle Unverträglichkeit observanter Religionsausübung mit den modernen Errungenschaften von Karikatur und Kunst belegen oder die Degeneriertheit von Kunstperformance und ihre unterstellte Unempfindlichkeit gegen Glaubensüberzeugungen zur Schau stellen lässt, je nach Blickwinkel. Mit dem großen Unterschied zu der Auseinandersetzung um George Grosz, dass die Beobachter nun in Echtzeit dabei sind, wenn wegen einer Karikatur in einer dänischen Tageszeitung Autos in Afrika brennen und die Sozialen Medien mit ihren eigenen Bilderkriegen den lokalen Konfliktherd auf globale Ebene ziehen. Mit dem Mord an Theo van Gogh begann nicht nur in den Niederlanden eine Debatte darüber, ob die Gefühle religiöser Menschen nicht besser geschützt werden müssten. Der Provokateur, der nicht nur durch Geschmacklosigkeiten gegen Muslime aufgefallen war, wurde ermordet. Der Zettel auf dem Leib des Getöteten verkündete das Todesurteil: »Blasphemie« – als könnte dieses Urteil den Mord legitimieren.

In den vergangenen zwanzig Jahren kamen auch in Deutschland eine stattliche Anzahl medial inszenierter Konflikte zusammen. Und die betrafen nicht nur Muslime.

Vergessen sind sie ebenso schnell, wie sie die Gemüter erregt haben. Die Diskussion um die Cartoon-Serie *Popetown* oder um ein Konzert von Madonna, in dem sie sich kreuzigen lässt, der Streit um die Aufführung einer Mozart-Oper in Berlin, wo in der letzten Szene der Regisseur ein paar Religionsführer köpfen ließ. Nebenbei wurde noch ein *Tatort* verschoben, weil sich die Gemeinschaft der Aleviten in ein schlechtes Licht gerückt sah, und eine Kunstperformance zum öffentlichen Sterben verboten, obwohl sie nur im Kopf des Künstlers stattfand. Manche Skandale sind dagegen stumm. Reden werden abgesagt, Lesungen unbestimmt verschoben. Anonyme Drohungen sieht man nicht. Auf den zweiten Blick gibt es zwischen den Einzelfällen einen unheimlichen Konsens. Im Zentrum steht nämlich das religiöse Gefühl.

Nie waren religiöse Gefühle so öffentlich wie heute. Sie verbergen sich nicht mehr hinter Dogmatiken oder religiöser Apologetik, sondern treten als artikulierte Emotion in Erscheinung. Ein Paradox, aber ein wirkungsvolles. Religiöse Gefühle mögen einmal eine »eigene Provinz« im Gemüte gewesen sein, wie Friedrich Daniel Schleiermacher in seinen »Reden über die Religion« sie beschreibt, hochgradig individuell und so subjektiv, wie eine persönliche Erfahrung des Unsagbaren nur sein kann. In den neuen Konflikten um die Grenzen dessen, was über Religion gesagt oder gezeigt werden darf, treten sie anders auf: als kollektive Erregungszustände und als gemeinschaftliche Empfindlichkeiten, auf die man sich mit Durchsetzungsanspruch bezieht. Die Gefühle, die verletzt sind, brauchen nicht einmal eine argumentative Erklärung. Was beleidigt und warum, muss nicht erläutert werden. Wer fühlt, hat recht. Es reicht der empörte Hinweis aufs beleidigte Religionsgefühl, und schon ist der Skandal da. Die neue Lust an der Eskalation verschärft die Konflikte einer multireligiösen Gesellschaft. Immer wieder kommt der Verdacht auf, das Christentum hätte sich in Europa mit allen niveauvollen und niveaulosen Formen des Spotts abgefunden und verlege sich aufs resignierte Achselzucken als Ausdruck religiöser Überzeugungssklerose. Man mag sich angesichts religiöser Halbbildung im Umgang mit Künsten, Filmen oder Bildern, Performances und Theaterstücken ja durchaus mehr Explikationsfreude und religionsgeschichtliche Kenntnisse wünschen. Manch ein vermeintlich blasphemischer Akt verdankt sich schlicht der Unwissenheit. Doch durch die Referenz aufs religiöse Gefühl und die Kategorie des Beleidigtseins etabliert sich allmählich ein Ehrdiskurs, der zu keiner Relativierung fähig ist.

»Ehre« ist ein Konzept, das sich ursprünglich auf Sippe und Familie und heute zunehmend auf Gruppen und Gemeinschaften bezieht. Im Western ist die Sache klar: Auf Beleidigung folgt Gegenbeleidigung, auf gekränkte Ehre eine Gegenkränkung – und dann kommt das Duell. Der allgegenwärtige Ehrdiskurs fällt nicht so auf, wenn wir die Antwort auf eine Kränkung oder Beleidigung dem Staat und seinen Gerichten überlassen. Noch nehmen die, die ihre Ehre verletzt sehen, ihre Genugtuung nur selten selbst in die Hand. Mordanschläge oder Drohungen sind der Ausnahmefall. Angst und die Vorwegnahme möglicher Folgen bestimmen aber längst das Handeln von Theatern und Ausstellungsmacherinnen. Dabei gehört es zum Selbstverständnis der Kunst, Grenzen auszuloten und an Tabus zu rütteln. Reden können provozieren, Bilder ans Allerheiligste rühren. Doch mit der Rhetorik der verletzten

Gefühle kommt ein Prozess in Gang, den der Historiker Timothy Garton Ash als »Tyrannei des Gruppenvetos« bezeichnet hat. »Man vereinige alle Tabus und man erhält eine gewaltige Herde heiliger Kühe. Nun lasse man den verschreckten Kindermädchenstaat all diese Tabus in neue Gesetze oder bürokratische Verbote einschließen, und heraus kommt ein drastischer Verlust an Freiheit.«

Das ist spitz formuliert, mit einem bösen Unterton, der aus der Sorge erwächst, dass sich mit dem Anstieg religiöser Konflikte auch vormoderne Konfliktformationen neuen Ausdruck verschaffen. Meinungsfreiheit und Kunstfreiheit mögen nicht nur für religiöse Menschen bisweilen eine arge Zumutung sein. Deshalb ist die offene Debatte über das, was von einigen als unerträglich empfunden wird, nicht überflüssig. Deshalb gibt es Formen freiwilliger Selbstverpflichtung in Werbung und Medien. In offenen Gesellschaften müssen auch tiefreligiöse Menschen offen ihre Motive, ihr Unbehagen und ihren Ärger zum Ausdruck bringen dürfen. Sie genießen nur keinen größeren Schutz als etwa die Künstlerin oder der Filmemacher, der seine Sicht der Dinge zeigt – oder das Publikum, das die Reizung des religiösen Schmerzpunktes genießt. Deshalb muss die Verwandlung von Gefühlen in Argumente als erste Spielregel im Konflikt der Perspektiven vorausgesetzt und eingefordert werden. Die Sehnsucht nach Verboten mag eine Emotion sein, die der Verletzung so etwas wie einen Ausgleich verschafft. Für den Moment ist die Provokation deeskaliert. Doch was folgt dann? Wer den Gedanken des Verbotes zu Ende denkt, der endet zwangsläufig bei der Zensur. Zensur aber ist die größte Gefahr der Freiheit. Und: Das Verbot, das ich bei anderen fordere, kann über kurz oder lang auch mich selbst erwischen.

In der religionsrechtlichen Entwicklung nach den konfessionellen Bürgerkriegen des 16. und 17. Jahrhunderts, in denen wechselseitige Blasphemie-Bezichtigungen zum schlechten Ton der Auseinandersetzung gehörten, schützt die Rechtsordnung den Religionsfrieden, also den Frieden zwischen Religiösen und Nichtreligiösen genauso wie den Konflikt zwischen religiösen Gruppen. Der Staat des deutschen Grundgesetzes schützt die Freiheit aller Religionen in gleicher Weise und wehrt sich zugleich gegen aggressive Verfassungsfeinde, selbst wenn sie religiöse Motive vorgeben. Dazu gehören auch Kunst- und Meinungsfreiheit. Im Strafrecht gibt es Bestimmungen, die persönliche Ehre und körperliche Unversehrtheit schützen. Jeder hat das Recht, seine Religion oder Weltanschauung ohne Angst um Leib und Leben, ohne Sorge vor gesellschaftlicher Stigmatisierung oder öffentlicher Herabsetzung frei zu leben. Deshalb kennt das Strafrecht auch Beleidigungsdelikte. Weit im Vorfeld solcher strafbaren Handlungen greift der Tatbestand der Volksverhetzung. Er bestraft, wer zu Hass und Gewalt gegen eine religiöse Gruppe aufruft, ihre Angehörigen böswillig beschimpft oder verächtlich macht und so den öffentlichen Frieden gefährdet. Im internationalen Vergleich geht das deutsche Recht in der Kriminalisierung solcher Verhaltensformen ziemlich weit.

Aber auch Meinungs-, Presse- und Kunstfreiheit sind zentrale Merkmale des modernen Verfassungsstaats. Die negative Religionsfreiheit schützt alle, die einen Glauben ablehnen oder ihrer Religionsgemeinschaft den Rücken kehren.

Dass es zum Beispiel im Islam gar nicht möglich ist, im Sinne einer »Kündigung« auszutreten, weil Muslime nicht wie Mitglieder organisiert sind, ändert an diesem Schutzgut nichts. Religionsanhänger können aus guten Gründen deshalb nicht von ihrer Umwelt verlangen, sich ihren religiösen Vorstellungen mit Berufung auf die Religionsfreiheit zu unterwerfen. Die Glaubensfreiheit schützt weder vor der Begegnung mit anderen Religionen noch vor konkurrierenden Auslegungen der eigenen Religion oder den künstlerischen oder wissenschaftlichen Auseinandersetzungen – etwa der historisch-philologischen Korrektur von tradierten Vorstellungen Mohammeds, Martin Luthers oder des Papstes. Die religiösen Traditionen gehören nie nur den Angehörigen einer Religion, sie können immer auch Gegenstand anderer Perspektiven werden. Deshalb kann der säkulare Staat auch keine Blasphemieverbote ausrufen. »Gotteslästerung« in Wort und Bild mag für manche Gläubige unerträglich sein, aus rechtlicher Sicht ist sie eine Grundrechtsausübung und damit nicht nur legitim, sondern auch legal.

Deshalb ist auch das, was bei neu aufbrechenden Konflikten zwischen Kunst und Religion als »Blasphemieparagraf« herbeizitiert wird, längst säkularisiert und damit von theologischen Deutungsansprüchen befreit. Geschützt wird nicht die Ehre Gottes – wie sollte der Staat diese Ehre auch schützen, setzt sie doch schon eine religiöse Deutung voraus –, sondern ähnlich wie bei der Volksverhetzung der öffentliche Friede. Für die »subjektive Beunruhigung der Bürger durch die Konfrontation mit provokanten Meinungen und Ideologien«, so begründet das Bundesverfassungsgericht seine Auslegung in einer jüngeren Entscheidung zur Volksverhetzung, ist im freiheitlichen Verfassungsstaat kein Raum. Der Staat dürfe mit dem Strafrecht »nicht vor einer Vergiftung des gesellschaftlichen Klimas« schützen. Allerdings hält sich der Verdacht, dass diejenigen nun Recht bekommen, die sich laut genug empören und so die öffentliche Ordnung gefährden. Die neuen Ehrdiskurse und die Verweise auf kollektive Beleidigungen könnten diesen Eindruck verstärken. Es würde den fundamentalen Grundsätzen der Freiheitsordnung widersprechen, wenn Religionsangehörige es in der Hand hätten, durch die Steigerung ihres Empörungsgrades bis hin zur Gewaltandrohung ihre Kritiker einer strafrechtlichen Verfolgung auszusetzen. In der Kriminalstatistik spielt der Paragraf 166 StGB deshalb auch eine unbedeutende Rolle. Ob das für die Rechtstreue der Bürger spricht oder dafür, dass dieser Paragraf überflüssig ist, sei dahingestellt. Unterstellt, dass dieser Rechtstitel symbolische Funktion hat, wäre er Mahnung, dass Religionskonflikte rücksichtsvoll ausgetragen werden müssen. Im Namen keiner religiösen Überzeugung kann ein anderes Freiheitsrecht der Verfassung ausgesetzt werden.

Vielleicht lohnt auch die Erinnerung daran, dass, wo die Kunst- und Meinungsfreiheit gefährdet ist, früher oder später auch die Religionsfreiheit eingeschränkt wird. Das zeigt ein Blick ins Innere aller Diktaturen. Religionsgemeinschaften und religiöse Verbände sind deshalb gut beraten, nicht nur als Anwälte eigener Ehre aufzutreten.

Das Verdikt der Blasphemie hat übrigens auch eine Geschichte. Das zeigt das Nachleben des umstrittenen Christusbildes von George Grosz. Es findet sich mittlerweile in vielen Religionslehrbüchern.

Symbolkonflikte und Kulturkämpfe

Ein kleines Stück Stoff wird innerhalb von zwanzig Jahren zur Projektionsfläche religionspolitischer Konflikte. Der Streit um das Kopftuch der Muslima hat das Potenzial, auch das Tischtuch zwischen Freunden, Familien, Expertenrunden, Religionskundlern und Frauenrechtlerinnen zu zerschneiden. Der Streit um ein religiöses Symbol ist selbst zum Symbol geworden für die Verlegenheiten, in die eine Gesellschaft gerät, die juristisch auf die Sichtbarkeit religiöser Symbole im öffentlichen Raum eigentlich gut vorbereitet zu sein schien. Die deutsche Verfassung erlaubt das Tragen oder Anbringen religiöser Symbole nämlich durchaus. Deshalb trägt die Nonne, die Chemie und Englisch unterrichtet, von jeher Habit und die Religionslehrerin ihr hölzernes Kirchentagskreuz. Trotzdem wird der Streit ums Kopftuch zur

Nagelprobe für das Verständnis von Religionsfreiheit unter Bedingungen des religiösen und weltanschaulichen Pluralismus. Und nicht nur das. Am Kopftuch macht sich längst der gesamte Umgang der deutschen Öffentlichkeit mit »dem Islam« fest. Diesen Kollektivsingular gibt es genauso wenig, wie es »das Judentum« oder »das Christentum« gibt, aber die neue Sichtbarkeit des Religiösen verführt zu einer neuen Sehnsucht nach Entschiedenheit und Eindeutigkeit in religionspolitischen Fragen, die um den Preis von Vereinfachungen und Pauschalisierungen gewonnen wird. Dabei müsste ein Streit um Symbole doch eigentlich mit der diesem Zeichen inhärenten Mehrdeutigkeit rechnen. Wie diese Eindeutigkeit des Umgangs mit dem religiös begründeten Tragen des Kopftuchs auszusehen hat, offenbart die Unvereinbarkeit der Positionen und oft genug die emotionale Wucht ihres Vortrags. Ist das Kopftuch Ausdruck religiöser Selbstbestimmung oder Zeichen einer Unterwerfung unter eine überkommene Geschlechterordnung? Ist es emanzipativ, wie manche Trägerin bekundet, weil sie sich nun weder Mode- noch Blickdiktaten unterwerfen muss – oder das Gegenteil, weil sie die stete Sexualisierung des männlichen Blicks unterstellt – und sich unter dem Stoff vor ihm verbirgt, statt den Mann in seine Schranken zu weisen? Ist das Kopftuch überhaupt ein religiöses Zeichen oder nur eine kulturelle Norm, die mit den Frauen aus Afghanistan, Pakistan, der Türkei oder anderer durch muslimische Ordnungsvorstellungen und religiöse Pflichtkataloge geprägten Ländern mit eingewandert ist, als importierte Regel, die zum identitätspolitischen Symbol einer weltweiten islamischen Renaissance verklärt wird? Ist es gar ein politisches Programm im Gewand eines religiösen Gebotes?

Die Streitperspektiven sind unendlich und passen in kein Raster. Es reden Muslimas gegen Muslimas, Frauenrechtlerinnen gegen Frauenrechtlerinnen, Säkulare an der Seite von Religiösen für Gleichbehandlung der Kopftuchträgerinnen und Religiöse an der Seite von Säkularen für ein konsequentes Kopftuchverbot. Auch die vielen Gerichtsverfahren auf allen Ebenen der Rechtsprechung offenbaren nur die Verlegenheit. Denn zentrales Medium für die Austragung dieser Auseinandersetzungen ist das staatliche Recht. Dabei berufen sich alle Seiten auf Selbstbestimmung und Gleichbehandlung. Doch die Grundsätze der Religionsfreiheit und der Nichtdiskriminierung geben wenig Orientierung an die Hand. Im Jahr 2016 bewerten zwei Generalanwältinnen des Europäischen Gerichtshofs Kopftuchverbote in der Privatwirtschaft diametral entgegengesetzt. So ringen freiheitliche Verfassungsstaaten und ihre Gesellschaften im Spannungsfeld zwischen religionspolitischen Herkünften und Prägungen, migrationspolitischen Besonderheiten und übergreifend antimuslimischen Grundstimmungen je für sich um sinnvolle Lösungen. Derweil haben junge Muslimas aus New York oder London mit ihren Modeblogs für »Modest Fashion« Hunderttausende Follower, und orthodoxe Jüdinnen diskutieren mit muslimischen Freundinnen die schicksten Bindetechniken des Hidschabs. Dazu kommt die christliche Tradition, nach der viele Frauen noch bis weit in die fünfziger Jahre ihre Haare bedeckten, um so Gehorsam und Unterwerfung zu zeigen. Die Enkelinnen dieser Frauen müssen sich nun zu den Kopftüchern ihrer Kommilitoninnen ein Urteil bilden.

Flankiert wird diese Verunsicherung durch Entwicklungen in Teilen der muslimischen Gemeinschaften. Hier wird religiöse Observanz zu einem Zeichen von Zugehörigkeit, die man auch als Symbol für unzureichende Integration verstehen kann, mit dem Kopftuch als identitätspolitischem Zeichen. Verstärkt wird dieser Eindruck durch konservative Verbandsvertreter, die eine innermuslimische Debatte um den religiösen Sinn des Kopftuchs kurzerhand verbieten und ihre Kritikerinnen zu Häretikerinnen erklären und ihnen den Verstoß aus der religiösen Gemeinschaft androhen.

Weil das Kopftuch so greifbar und alltäglich geworden ist, muss es stellvertretend für Entwicklungen innerhalb von Teilen des Islam in westlichen Gesellschaften stehen, die mit dem Kopftuch erst mal gar nichts zu tun haben, für salafistische Hinterhofmoscheen oder für den Pop-Dschihad im Internet, weil die sicherheitspolitischen Risiken, die sich mit religiöser Radikalisierung verbinden, sich eben nicht so einfach aufdecken lassen, wie man auf ein Kopftuch zeigt. Dazu kommen die Bilder von mutigen Iranerinnen, die dem Mullah-Regime die Stirn bieten und ihre Kopftücher vor wackeligen Kamerabildern abnehmen. Wie verhalten sich diese Bilder zu den Interviews mit jungen Muslimas aus Deutschland, die erzählen, warum sie sich mitten in einer freien Gesellschaft, wo jede tragen kann, was sie will, statt der neusten Frisur ein Kopftuch über die Haare legen.

Der andauernde Kopftuchstreit verlangt vor allem eines: genau hinzusehen und den jeweiligen Kontexte ernst zu nehmen, in der der Konflikt entsteht. Ein Kopftuchverbot für Schülerinnen gilt als offenkundig verfassungswidrig. Bei der Lehrerin ist die Ausgangslage so kompliziert wie die Schulwirklichkeit. In einem katholischen Elitegymnasium kann die Lehrerin, die mit Kopftuch Chemie und Mathe unterrichtet, Vorurteile des bildungsstarken Bürgertums eindämmen. In einer Schule, in der viele Mädchen sich durch ihre Peergroup, Väter, ältere Brüder oder die Moscheegemeinde sowieso schon unter Druck fühlen, ihren Kopf zu bedecken, ist es kaum vorstellbar, wie sie sich diesem Druck erwehren können, wenn auch die Lehrerin ein Kopftuch trägt. Die Perspektive der Schwächsten, also der Schülerinnen, muss in der Schule mehr Gewicht haben als die religiöse Selbstbestimmung der Lehrerin. Verfassungsrechtlich heißt das »Einzelfallprüfung«.

Noch umstrittener ist die Frage, ob eine Richterin oder eine Polizistin Kopftuch tragen darf. Eine Generation hochqualifizierter Muslimas ist herangewachsen, die die Richterrobe oder die Polizeiuniform anziehen und das Kopftuch aufbehalten sollen. Kann eine Vertreterin des weltanschaulich neutralen Staates mit religiös prägnanter Kleidung überhaupt das Vertrauen aller genießen und die Unparteilichkeit ausgeübter Herrschaftsgewalt betonen? In vielen Ländern des Westens, vor allem in traditionellen Einwanderungsgesellschaften, gibt es diese Vorbehalte nicht. Aber vielleicht geht es bei den vehementen Kopftuchstreitigkeiten vor höchsten Gerichten gar nicht nur um reale Gefahren, etwa für den Justizdienst, sondern um Wahrnehmungen und Zuschreibungen. Die weitverbreiteten Vorbehalte gegenüber allen Erscheinungsformen des Islam führen nolens volens dazu, dass religiöse Kulturkämpfe ins Prozessgeschehen einziehen. Allerdings droht so, dass das große Versprechen der Integration durch Bildung, durch Teilhabe und Aufstieg Schaden nimmt, eine Form des »Berufsverbots« durch die Hintertür unentscheidbarer symbolpolitischer Debatten. Kulturkämpfe haben immer einen hohen Preis, egal, ob der Gesetzgeber für oder gegen Kopftuchverbote entscheidet. Das ist das Dilemma, aus dem es immer nur vereinzelte Auswege gibt.

Dazu kommt der Umstand, dass die identitätsstiftende Funktion religionskultureller Symbole zu ähnlicher Politisierbarkeit verführt wie die Rede vom Christlichen Abendland. Ihre Politisierung ersetzt den religiösen Symbolgehalt. Aus der Unterwerfung unter Gott wird die Unterwerfung unter ein theopolitisches Programm. Auch laizistische Gesellschaften mit ihrer Politik der Neutralisierung öffentlicher Räume durch ein Verbot religiöser Bekleidungen und Symbole werden deshalb diese Kulturkämpfe nicht los. In Frankreich weichen Katholiken und Muslime in religiöse Privatschulen aus. So fragmentieren Lebenswelten und Gemeinschaften immer mehr. Dagegen helfen nur die Grenzgängerinnen und Musterbrecher, muslimische Frauen, die selbstbewusst und großzügig, aber kritisch mit der jeweils abweichenden Einstellung ihrer Geschlechtsgenossinnen umgehen, die publizistisch für eine offene innermuslimische Auseinandersetzung werben und den Preis der identitätspolitischen Selbstabschließung benennen.

Manchmal hilft schon ein schlichtes Gedankenexperiment, um herauszufinden, woher der eigene Argwohn kommt und welche Argumente er auf seiner Seite hat. Würde etwa der Lehrer mit Kippa mit gleicher Inbrunst bezichtigt, sein pädagogisches Ethos für seine religiöse Selbstverwirklichung zu opfern? Die Debatten um das symbolische Stück Stoff sind selbst symbolisch geworden. Die Kulturkämpfe werden andauern. Zivil geführt, tragen sie möglicherweise zur Klärung religiöser Diversität ohne naive Romantik bei.

Solange alle Fragen und Vorbehalte, jede Halbbildung und jedes Gerücht über »den Islam« sich am Kopftuch der Muslima festmacht, ist dieser Symbolkonflikt nicht zu befrieden. Hilfreicher wäre es da schon, wenn der Staat in seinen Gesprächsbemühungen bei der Wahl seiner Gesprächspartner sich nicht nur auf die muslimischen Verbände stützen würde. Das ist neokorporatistisch korrekt, aber doch religionspolitisch so fantasielos wie einseitig, weil diese Verbände nur einen geringen Teil der deutschen Muslime vertreten. Wer ausschließlich mit Hardlinern und Reformallergikern spricht, wird selbst zu harten Maßnahmen gezwungen oder muss Zugeständnisse machen, um die Gesprächsdiplomatie nicht zu gefährden. Längst gibt es aber öffentliche Intellektuelle, Koranauslegerinnen, Theologen, Religionsphilosophen und Publizistinnen, die, ohne auf ihre Religion reduziert werden zu wollen, andere Auskünfte geben können, anders laut nachdenken und andere Fragen stellen. Ihre Stimmen zu verstärken, statt ihre Marginalisierung innerhalb der islamischen Gemeinschaften oder gar Schlimmeres zu dulden – das wäre ein Anfang.

Im Übrigen hat die Fixierung auf ein Stück Stoff und seine Symbolkraft noch eine andere bemerkenswerte Pointe. Religionsdebatten entzünden sich am sichtbaren Zeichen. Das ist nachvollziehbar, weil Symbole verdichten und provozieren, weil sie sich der Eindeutigkeit entziehen. Dass auf diese Weise ausgerechnet die Thematisierung des Undarstellbaren, wie sie der Religion nun mal zu eigen ist, verhandelt wird, verweist allerdings auf einen blinden Fleck. Die religiöse Praxis, die Hoffnungen, Haltungen und Konflikte von Muslimen bleiben nicht nur als Referenzraum der Symbole verborgen.

Sie interessieren schlicht nicht. Sie werden unter einem Schleier des Nichtwissens und Nichtwissenwollens versteckt. In diese religiösen Lebenswelten, in ihr soziales Gefüge, in ihre Theologien, in ihre Ethik, dringen so weder Neugier noch Kritik, die beiden Gestalten der Aufklärung, vor. Diese Ignoranz mag naiv und schönfärberisch sein oder böse und voller Verdächtigungen. Im besten Falle führt sie zu einem gutartigen Nebeneinanderherleben von Überzeugungen und Lebensformen. Im schlechtesten Falle lauert hier, im Unsichtbaren, die größere Gefährdung der Freiheit.

Gott nach seinem Ende

Prognosen sind auf seltsame Weise der Erinnerung ähnlich. Beide haben es mit Wahrscheinlichkeiten und Gewissheiten zu tun, aber sie setzen sie jeweils auf unterschiedliche Weise zusammen. Ungewiss sind sie zunächst beide. Die Zukunft richtet über die Prognose, die Erinnerung richtet über die Vergangenheit. Wie entwickelt sich die Religion angesichts der vielen anderen tektonischen Verschiebungen der Menschheit und im Selbstverständnis des Menschen? Welchen Ausgang nimmt sie angesichts ihrer Geschichte? Die Moderne ist ihrem Wesen nach eine Epoche der Desillusionierung. Zu den kulturellen Beständen, die sich auf eine metaphysische Illusion gründen, auf die Schwachheit des Geistes und die unvollkommen ausgebildete Vernunft, hat sie in ihrer Anfangsphase die Religion gezählt. An die Stelle von

Jenseitshoffnungen sind säkulare Fortschrittsverheißungen getreten. Manche Fortschrittsversprechen haben sich erfüllt, andere sind als diabolische Inversionen über die Menschheit gekommen. Religiöse Gemeinschaften, Glaube und theologische Reflexion dieses Glaubens sind geblieben.

Manche sagen: bis auf weiteres. Nachdem das metaphysische Bindemittel nicht mehr wirkt, ist das postsäkulare Nachleben der Religion nur noch eine weitere Episode. Wieder andere zeigen aus ihren Gotteshäusern in die böse Welt und predigen Abschottung, Verachtung gegenüber anderen Lebensformen und den Abtrünnigen in den eigenen Reihen. Sie verkapseln sich mitten in der modernen Gesellschaft in einer Gegenwelt, die auf dieses Moderne durch Abwendung reagiert. Andere reiben sich die Augen, weil der religiöse Fundamentalismus – zusammen mit anderen fundamentalen Reinheits- und Unbedingtheitsfundamentalismen – als regressives Phänomen durch die Hintertür der Moderne wieder Einzug gehalten hat und die modernen westlichen Gesellschaften in Verlegenheit bringt, weil religiöse und nichtreligiöse Weltzugänge unverbunden nebeneinanderzustehen drohen und wechselseitiges Unverständnis erzeugen. Dafür braucht es nicht den Hinweis auf Parallelgesellschaften, Hinterhof-Moscheen oder die Repolitisierung europäischer Kirchentümer in zunehmend autokratischen Staaten. Die Moderne, so viel steht fest, ist keine postreligiöse Epoche geworden. Sie war es zu keiner Zeit. Große Bestände der christlichen Überlieferungen haben sich als kulturelle Formen, als Säkularisate erhalten, die als solche Spuren des Religiösen weiter in sich tragen. Ob es sich um Rest- oder Grundbestände handelt, wird sich erst noch zeigen. So schnell wird deshalb auch die deutsche Gesellschaft, bei den nachweisbaren Veränderungsprozessen durch Migration und Verlust kirchlicher Bindungen, das Christentum nicht los, genauso wenig wie die Religion markanter Minderheiten in ihren vielen Ausformungen, die jüdischen Gemeinden mit ihren vielen Traditionen, die muslimischen Gemeinschaften mit ihren Überlieferungen und Gegensätzen, Widersprüchen und offenen Adaptionsprozessen an wissenschaftliche Religionskritik, Professionalisierung der Geistlichen, Lehrer und Seelsorger. Auch hier gibt es widersprüchliche Entwicklungen von Enttraditionalisierung und Refundamentalisierung. Manche Entwicklung hat mit Identitätsversicherung von mehreren Einwanderergenerationen zu tun, anderes mit den allzu engen Verbindungen zu Herkunftsländern, die sich wegen der finanziellen und organisationellen Abhängigkeiten sofort bemerkbar machen, etwa wenn wegen der Religionspolitik in der Türkei Imame in deutschen Moscheen ausgewechselt werden.

Die soziologischen Prognosen zur Zukunft des Religiösen arbeiten mit Erhebungen, Statistiken und hochgerechneten Vermutungen. Was Menschen mit ihrer Religion verbinden, welche religiösen Erfahrungen sie suchen oder vermissen, lässt sich statistisch oder qualitativ allerdings nur unzureichend messen. Sind letzte Fragen im tiefsten säkularisierungsresistent, weil sie sich immer wieder neu stellen, wenn zeitbedingte Antworten erodiert sind? Gibt es gar eine religiöse Anlage im Menschen, die zwar verleugnet werden kann, aber niemals verschwindet? Auch solche grundsätzlichen Aussagen über die religiöse Natur des Menschen sind mit Skepsis zu betrachten. Vieles spricht dafür, dass religiöse Bedeutsamkeit auch in der Latenz gehalten werden kann, als kulturelles Gedächtnis oder als institutioneller Rückhalt, der nur bei Gelegenheit aktualisiert wird, in besonderen Lebensphasen, in Glück, Katastrophen und heiklen Übergängen. Manche Phänomene bleiben in schöner Unbestimmtheit zwischen religiöser und ästhetischer Erfahrung. Eine Fuge von Bach oder die Matthäuspassion kann einmal das eine und einmal das andere, manchmal sogar beides sein.

Die Zukunftsperspektive bleibt, prognostisch gesehen, vage. Vielleicht kann die alte Form der Prophetie aushelfen. Sie ist als literarische Gattung weniger Zukunftsvorhersage denn Hervorsagen des Verdrängten, Verschwiegenen oder aus dem Blick Verlorenen. Dazu zählen nicht nur all die gesellschaftlichen Herausforderungen, die mit dem religiösen Frieden in einer möglichst freien und humanen Gesellschaft zu tun haben. Die religiösen Konfliktfelder sind offensichtlich. Hinter ihnen verschließt sich ein religiöser Raum, das Nichtoffensichtliche. Wenn in öffentlichen Debatten der Eindruck entsteht, die Deutschen seien ein Volk von Kopftuch-Experten oder Kreuzesauslegerinnen, dann heißt das noch nicht, dass das Wissen über Religion dem Niveau der Erregung entspricht.

Wer den Beitrag des Religiösen zur Bewältigung der Gegenwart ernsthaft erkunden will, muss fragen, was fehlt, wenn Religion fehlt. »Mir fehlt ja nichts«, sagt die Konfessionslose. »Uns fehlt ja nichts«, sagen die Gegner von Kirchen, Synagogen und Moscheen. Doch dass die Gottesfrage irgendwo gestellt wird, dass Gebete gesprochen und Lieder gesungen werden, dass Kranke gesalbt und Kinder getauft, Sterbende auf ihrem letzten Weg mit Ritualen des Loslassenkönnens und Segens begleitet werden, ist Teil der selbstverständlichen Fülle des Religiösen. Religion ist vor allem eine Praxis, ein Alltagsvollzug. Dieses Religiöse drängt sich nicht auf. Es ist leise und diskret, ja intim, auf jeden Fall persönlich. Es entzieht sich der Sprache der Beschreibung und der Klick-Kommunikation. Ein Gebet kann man gleich einem Gedicht nicht mit »richtig oder falsch« bewerten, der religiöse Dank einer Gemeinschaft, an einem gut gedeckten Tisch am Schabbat in irgendeinem deutschen Wohnzimmer gesungen, erschließt sich nur über innere Teilnahme. Ein Vaterunser, am Grab mitten unter Konfessionslosen gesprochen, kann ein Affront sein – oder ein stellvertretender Dienst für die skeptischen Freunde. Die Wochen im Kloster, die Meditation am Morgen, der Jakobsweg, abgeschritten von Vater und Sohn, das Requiem, von einer Sechzehnjährigen zum ersten Mal selbst gesungen, die Hand einer Pastorin auf dem Köpfchen eines Neugeborenen mit den Segensworten, in die sich all die diffusen Hoffnungen und Ängste fügen, ein Nachtgespräch des Imam mit seiner Tochter über die Schönheit Gottes – auch das ist das gegenwärtig Religiöse. So wie die intellektuell verantwortete Frage nach Gott sich nach vielen Jahrhunderten unvollkommener Antwortversuche nicht erledigt hat – nicht an Universitäten und nicht in gelehrt-heiteren Runden unter Freunden. Was ist der Mensch? Was kann er wissen? Was soll er tun? Was darf er hoffen?

Religion kann ein starker Einspruch gegen Fatalismus und Defätismus sein. Religiös gedacht ist Kulturpessimismus und Welteindunkelei und Zukunftsverachtung eine Sünde, eine menschliche Anmaßung. Statt Optimismus empfiehlt sie die Hoffnung, die aus dem Dennoch kommt, keine Weltschönfärberei, aber eine Rede vom Menschen, die einen anderen Ton anschlägt, anders über ihn spricht. Religiöse Zugänge zum Menschen können mit dem Bösen, mit Abgründen und dem Scheitern umgehen und die Ambivalenz alles Menschlichen thematisieren. In religiöser Sprache ist sogar das Ende des Sprechen-Könnens, das Verstummen vor Leid oder Glück erträglich, das Unfassbare, die Anklage Gottes, der Schrei des Hiob in seiner Gottverlassenheit. Religion kann innere Freiheitsräume erschließen, wo scheinbar keine Möglichkeiten der Gestaltung mehr sind. Vor allem kann Religion mit ihrer inhärenten Vieldeutigkeit, ihrer schönen und manchmal quälenden Unbestimmtheit, der Offenheit ihrer Symbole, Zeichen und Gesten, ihrer langen Geschichte und der immer wieder neu zu bestimmenden Leitdifferenz von Endlichem und Unendlichem dazu beitragen, gegen Diesseitsabschließungen und fatale Sehnsucht nach Eindeutigkeit Deutungsräume offenzuhalten. Sie muss nicht das Fundament der Gesellschaft sein, wenn sie als Ferment wirksam bleibt.

Diskurse, die wir führen müssen

Dieses Buch ist Teil eines multidisziplinären Diskurses zu den zentralen Fragen unserer Zeit.

Dabei konzentrieren sich unsere Publikationen auf jeweils ein Thema, das aus einer Box mit sieben Büchern besteht.

In sechs zugänglichen Essays geben unsere Autorinnen und Autoren Einblicke in ihre unterschiedlichen Perspektiven. In einem exklusiv der Themenbox hinzugefügten siebten Buch werden Kontroversen und Schnittstellen weitergedacht.

Stephan A. Jansen **mit Michael Ebmeyer**	Die Befreiung der Bildung
Michael Hampe	Die Dritte Aufklärung
Jasmin Siri	Kampfzone Gender
Petra Bahr	Wie viel Religion verträgt unsere Gesellschaft?
Stefan Lorenz Sorgner	Schöner neuer Mensch
Mark Kingwell	Nach der Arbeit
+ Perspektivwechsel	Die Essays zusammen betrachtet

© 2018
Nicolai Publishing & Intelligence GmbH, Berlin

Alle Rechte vorbehalten

Lektorat: Rainer Wieland
Gestaltung und Satz: Huelsenberg Studio, Berlin
Gesetzt aus der Suisse Works und Suisse Int'l
Druck und Bindung: GGP Media GmbH, Pößneck

nicolai-publishing.com
discuss@nicolai-publishing.com

Twitter/Instagram: @nicolaidiscuss

Dieses Buch ist auch als E-Book erhältlich.

Printed in Germany
ISBN 978-3-96476-004-3

Never, never rest contented with any circle of perspectives, but always be certain that a wider one is still possible.

Richard Jefferies